매일매일 떠나는

하루 10분
어학연수

영어회화 롤플레이 코칭

"영어는 *매일의 습관*이자 **훈련**입니다."

계속 내 발목을 잡는 영어! 영어를 마스터하는 데 도대체 얼마만큼의 시간이 필요한 걸까요? 십수 년간 종로, 강남 등지에서 영어 회화를 가르치며 영어 때문에 힘들어하는 학생들을 많이 봐 왔습니다. 하지만 이제 영어 때문에 활짝 웃는 세상이 올 겁니다! 이 책 한 권으로 영어 실력을 함께 키워 봅시다. 평상시 어떤 습관으로 영어를 습득해야 궁극적인 실력이 느는지 그 효율적인 방법을 알려 드리고자 합니다.

영어는 하루 10시간을 공부하고 그러고 나서 일주일을 쉬고, 또다시 10시간 공부하는 불규칙한 방법으로는 실력 향상을 기대하기 어렵습니다. 영어는 벼락치기 공부가 아닌, 매일 하루 10분이라도 꾸준히 영어로 생각하고 사물을 바라보는 "습관"을 들이는 것이 가장 중요합니다.

어휘를 외우는 것도 마찬가지입니다. 수능 영어를 공부하듯이 단어장을 보며 알파벳순으로 암기하는 것이 무슨 의미가 있을까요? 어휘는 친구 이름을 외우듯이 하는 겁니다. 예를 들어, 횡단보도(crosswalk)를 건널 때마다 횡단보도를 보며 "Hi, crosswalk."라고 친구를 대하듯 말해 보세요. 그렇게 하루에 최소한 5개 이상의 영어 어휘를 친구로 만드는 습관을 들이고 나면, 어느새 늘어난 자신의 어휘 실력을 발견할 수 있을 겁니다.

영어는 못하는 게 아니라 안 하는 겁니다. 체계적인 학습법을 바탕으로 끊임없는 반복 훈련을 하게 되면 누구나 영어를 잘할 수 있습니다. 영어 구조를 "총"에 비유한다면 어휘는 "총알", 그리고 말하기는 "총 쏘는 기술"입니다. 멋진 총도 있고 총알도 있는데, 쏠 줄 모른다면 아무런 의미가 없겠지요! 이제 총 쏘는 법을 같이 배워 봅시다.

여러분의 꿈은 무엇입니까? 각박해진 이 사회에서 꿈이라는 것은 사치에 불과하다고 생각하시나요? 전 그렇게 생각하지 않습니다. 여러분의 꿈은 이루어지는 과정에 있는 것이며, "영어"는 여러분의 꿈을 이루어 내는 데 아주 훌륭한 도구가 될 것입니다. 여러분의 꿈을 응원하는 제 마음을 담아 이 책을 집필했습니다. 책 속에 등장하는 리오(Leo)라는 한 젊은이의 삶의 과정을 통해 즐거운 영어 공부의 여정을 함께 밟아 나가 보도록 합시다.

명현재(Leo)

나는…

- ☑ 초등학교 때부터 영어를 배웠다.

- ☑ 중/고등학교 내내 영어 시험을 치렀다.

- ☑ 대입 수능 영어 시험을 치렀다.

- ☑ 취업을 위해 TOEIC을 공부했다.

- ☑ 직장에서 인사고과에 필요한 영어를 공부했다.

그런데...

외국인이 길을 물을 때 뭐라고 말해야 할지 모르겠다.

01

총(문법), 총알(어휘)은 다 있는데
"쏘는 법(말하기)"을 모르기 때문입니다!

쏘는 법(말하기)을 배우는 것은 그리 어렵지 않습니다.
이미 총(문법)에 총알(어휘)을 장전하는 법을 알고 있으니,
이것을 어설프게나마 스스로 쏴 보고(말해 보고),
그렇게 쏘는 것을 지속적으로 반복함으로써 실수를 줄이고
쏘는 실력을 점차 업그레이드하는 것입니다.

02

유학을 가지 않고도, 국내에서도 얼마든지
저처럼 영어를 마스터할 수 있는 방법을 알려 드리고 싶습니다.

매 순간, 매 강의를 열정으로 채우기 위해 노력해 온 저 역시
순수 국내에서만 영어를 마스터했던 터라
영어로 힘들어하는 학생들의 고충을 가장 잘 이해하고,
그렇기에 그들에게 가장 효과적인 학습 방법을 알려 줄 수 있습니다.

03

상황이나 스토리도 없이
표현만 암기하는 영어는 죽은 영어입니다.

어린 아이들도 말을 배울 때 자신이 속한 상황 속에서
그 상황과 관련된 말이 들려 오면 그 상황과 말을 연결해
자연스럽게 언어를 습득하고 오래도록 기억합니다.
영어도 마찬가지입니다.

따라서 본 교재는 여러분 누구나 공감할 수 있는 대한민국 취준생의 이야기를 바탕으로
좀 더 재미있고 효율적으로 영어를 공부할 수 있도록 꾸며 보았습니다.
자, 이제 쏘는 법을 공부할 준비가 되셨나요?
그럼 함께 가 보도록 합시다.

Let's go!

How

📢 롤플레이! 내가 주인공이 되어 말해 보세요!

누구나 공감하는
취준생 Leo의
스토리로
따라가는 회화 학습!

실생활 표현으로
알차게 채운
100% Real 다이얼로그!

복습 효과를 2배로!
문장 활용도 높이는

쓰기&말하기
훈련!

Writing! 틈나는 시간을 활용해 문장을 써보는 연습도 해봅시다

- 너 뭐하고 있어?
- 나 학교 과제 하는 중이야.
- 나 이력서 쓰는 중이야.
- 나 요즘 구직 중이에요.
- 나 요즘 사귀는 사람 있어.
- 우리 술 한 잔 하러 가는 거 어때?
- 우리 같이 점심 먹는 건 어때?
- 우리 중국 음식을 좀 시키는 건 어때?
- 나 정말 바빠.
- 나 정말 피곤해.

Do It Yourself! 외국인과 스스로 대화를 나눠봅시다 003

영어로 있는 QR코드를 휴대폰으로 스캔하시면 원어민의 말이 음성으로 나오게 됩니다. 외국인의 말을 듣고 난 후, 배정된 표현들을 활용하여 외국인의 말에 알맞은 답으로 써주면 됩니다. 자, 이제 되었나요? 그럼 시작해봅시다. Let's go!

1. What are you doing now? 너 지금 뭐하고 있어?
2. What are you doing these days? 너 요즘 뭐해?
3. Why don't we go for a drink? 우리 술이나 한 잔 하러 가는 거 어때?

매일 하루 딱! 4개!

회화 패턴 연습하는

키워드 스피킹!

How

📢 롤플레이! 내가 주인공이 되어 말해 보세요!

21 전화할 시간도 없이 그렇게 바빠?

Scene 21

Crystal Hello, it's me, Crystal.
Leo Oh, honey. I'm busy. Please make it quick.
Crystal Ok. I want to go to a department store with you to buy your gift.
Leo Really? Why bother?
Crystal What? It's your birthday. Honey, I guess you're too busy.
Leo It is? I didn't know. Thank you, Crystal. But I have to go to the personnel department to deal with something.
Crystal Wait, wait, Leo. Actually, I'm already in front of your workplace.
Leo Honey, I'm terribly sorry. I have too many things to do.

해석

Crystal: 안녕, 나야, Crystal.
Leo: 오, 자기야. 나 바빠. 간단히 말해.
Crystal: 알았어, 나 자기 선물 사러 자기랑 백화점에 같이 가고 싶어.
Leo: 정말? 뭐 하러?
Crystal: 뭐? 자기 생일이잖아. 자기, 너무 바쁜 거 같아.
Leo: 그래? 나 몰랐어. 고마워, Crystal. 그런데 나 뭐 좀 하러 인사과에 가야되 되겠어.
Crystal: 잠깐, 잠깐, Leo. 사실, 나 이미 자기 회사 앞이야.
Leo: 자기야, 정말 미안해. 나 할 일이 너무 많아.

Role Play!
아래 QR을 스캔하시거나 MP3를 다운
로드 받아, 대본을 보시 직접
대화 속 주인공이 되어 스스로 말해
보도록 하세요.

미드 대본처럼
영어회화 스크립트로

Role-Play
스피킹!

회화 패턴 160개를
한눈에 훑어 보고 무한 반복 연습!

017. I'm going to 동사.
나 ___할 거야.

I'm going to stay here.
나 여기 있을 거야.

018. I'm never going to 동사.
나 절대 ___하지 않을 거야.

I'm never going to leave you.
널 절대 떠나지 않을게.

019. I was going to 동사.
나 ___하려고 했었어.

I was going to tell you.
네게 말하려고 했었어.

020. I'm glad 원형/동사 to 동사.
나 ___하게 돼서 ___해.

I'm glad to see you again.
널 다시 보게 돼서 기뻐.

021. I'm terribly 형용사.
저 정말/몹시 ___해요.

I'm terribly disappointed.
나 정말 실망했어.

022. What should I 동사?
제가 뭘 ___해야만 할까요?

What should I do?
내가 뭘 해야만 하지?

023. I should 동사.
저 ___해야겠어요.

I should quit drinking.
나 술 끊는 게 좋을 것 같아.

024. You should 동사.
당신은 ___해야만 해요.

You should stop smoking.
너 금연하는 게 좋을 거야.

025. I can 동사.
난 ___할 수 있어/해도 돼.

I can afford to buy the car.
나 그 차를 살만한 여유가 돼.

026. Can I 동사?
내가 ___할 수 있을까요/해도 될까요?

Can I ask you something?
내가 뭐 좀 물어봐도 될까?

027. I don't think 사람 can 동사.
나 ___기 ___할 수 없을 것 같아.

I don't think I can do it alone.
나 이거 혼자서 못할 거 같아.

028. Do you think 사람 can 동사?
넌 ___가 ___할 수 있다고 생각해?

Do you think I can handle it?
너 내가 이걸 감당할 수 있다고 봐?

029. I'm not sure, but I may 동사.
확실친 않은데, 나 ___할 거 같아.

I'm not sure but, I may stay here tonight.
확실친 않은데, 나 오늘밤 여기 머물 거 같아.

030. You can't be 형용사/명사.
네가 ___일 순 없어.

You can't be right all the time.
네가 항상 옳기만 할 순 없어.

031. You must 동사.
넌 반드시 ___해야만 해.

You must finish it by tomorrow.
너 이거 내일까지 꼭 끝내야 해.

032. You must be 형용사/명사.
넌 ___인 게 분명해요.

You must be very tired.
너 틀림없이 피곤한 게 분명하구나.

033. I used to 동사.
전 ___하곤 했었어요.

I used to live here.
나 여기 살았었어.

스마트한 무료 동영상 학습 서비스

각 QR코드를 스캔하시면 해당 동영상 학습 페이지로 연결됩니다.

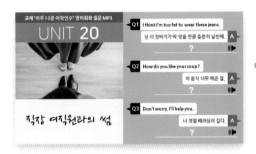

mp3 다운로드 필요 없이
실시간 회화 청취가 가능한

영어회화 동영상 다이얼로그

영어로 된 질문을 듣고
영어로 직접 답해 보는

영어회화 1문1답 훈련

스크립트 속 주인공이 되어
상대방과 영어로 대화하는

영어회화 롤플레이 훈련

STUDY PLAN

👉 학습 가이드

1. 책을 휴대하고 다니며 하루에 2페이지 분량을 수시로 보며 학습합니다.
2. 각 Unit의 "Conversation"은 반드시 MP3를 듣고 따라 말해야 발음이 늡니다.
3. 각 Unit의 "Speaking" 코너에선 반드시 스스로 영작을 해야 작문 실력이 늡니다.

1개월 차 Study Plan						
	Mon	Tue	Wed	Thurs	Fri	Sat
1	Unit 1 P18~19 ☐	Unit 1 P20~21 ☐	Unit 2 P22~23 ☐	Unit 2 P24~25 ☐	Unit 3 P26~27 ☐	Unit 3 P28~29 ☐
2	Unit 4 P30~31 ☐	Unit 4 P32~33 ☐	Unit 5 P34~35 ☐	Unit 5 P36~37 ☐	Unit 6 P38~39 ☐	Unit 6 P40~41 ☐
3	Unit 7 P42~43 ☐	Unit 7 P44~45 ☐	Unit 8 P46~47 ☐	Unit 8 P48~49 ☐	Unit 9 P50~51 ☐	Unit 9 P52~53 ☐
4	Unit 10 P54~55 ☐	Unit 10 P56~57 ☐	Review P58 ☐	Review P59 ☐	Review P60 ☐	Review P61 ☐

2개월 차 Study Plan						
	Mon	Tue	Wed	Thurs	Fri	Sat
1	Unit 11 P64~65 ☐	Unit 11 P66~67 ☐	Unit 12 P68~69 ☐	Unit 12 P70~71 ☐	Unit 13 P72~73 ☐	Unit 13 P74~75 ☐
2	Unit 14 P76~77 ☐	Unit 14 P78~79 ☐	Unit 15 P80~81 ☐	Unit 15 P82~83 ☐	Unit 16 P84~85 ☐	Unit 16 P86~87 ☐
3	Unit 17 P88~89 ☐	Unit 17 P90~91 ☐	Unit 18 P92~93 ☐	Unit 18 P94~95 ☐	Unit 19 P96~97 ☐	Unit 19 P98~99 ☐
4	Unit 20 P100~101 ☐	Unit 20 P102~103 ☐	Review P104 ☐	Review P105 ☐	Review P106 ☐	Review P107 ☐

4. 각 Unit의 "Writing" 코너의 영작 답안은 왼쪽 "Speaking" 코너에 있습니다.

5. 각 Unit의 학습이 끝날 때마다 교재 뒤쪽 "Role Play" 코너에서 스스로 말하는 연습을 합니다.

6. 그날의 학습을 마무리하면, 각 학습 플랜 하단의 박스(□)에 완료 표시(∨)를 하도록 합니다.

3개월 차 Study Plan

	Mon	Tue	Wed	Thurs	Fri	Sat
1	Unit 21 P110~111 □	Unit 21 P112~113 □	Unit 22 P114~115 □	Unit 22 P116~117 □	Unit 23 P118~119 □	Unit 23 P120~121 □
2	Unit 24 P122~123 □	Unit 24 P124~125 □	Unit 25 P126~127 □	Unit 25 P128~129 □	Unit 26 P130~131 □	Unit 26 P132~133 □
3	Unit 27 P134~135 □	Unit 27 P136~137 □	Unit 28 P138~139 □	Unit 28 P140~141 □	Unit 29 P142~143 □	Unit 29 P144~145 □
4	Unit 30 P146~147 □	Unit 30 P148~149 □	Review P150 □	Review P151 □	Review P152 □	Review P153 □

4개월 차 Study Plan

	Mon	Tue	Wed	Thurs	Fri	Sat
1	Unit 31 P156~157 □	Unit 31 P158~159 □	Unit 32 P160~161 □	Unit 32 P162~163 □	Unit 33 P164~165 □	Unit 33 P166~167 □
2	Unit 34 P168~169 □	Unit 34 P170~171 □	Unit 35 P172~173 □	Unit 35 P174~175 □	Unit 36 P176~177 □	Unit 36 P178~179 □
3	Unit 37 P180~181 □	Unit 37 P182~183 □	Unit 38 P184~185 □	Unit 38 P186~187 □	Unit 39 P188~189 □	Unit 39 P190~191 □
4	Unit 40 P192~193 □	Unit 40 P194~195 □	Review P196 □	Review P197 □	Review P198 □	Review P199 □

CONTENTS

CHAPTER 1
취준생 Leo의 다사다난 취업 성공기

CHAPTER 2
신입사원 Leo의 좌충우돌 직장생활

CONTENTS

Chapter 3
야근, 삐걱대는 애정전선, 그리고 사직서

Chapter 4
Leo, 마침내 꿈을 찾아 떠나다

Chapter 1

이야기로 배우는 하루 10분 영어회화, 그 첫 번째

취준생 Leo의
다사다난 **취업** 성공기

UNIT 01

나는 대한민국 취업 준비생!

하루 10분 어학연수, 그 첫 번째 장을 열어볼까 합니다. 이번 장에서는 취준생 Leo와 친구 David의 짧은 대화를 엿보게 됩니다. 오늘의 대화는 취준생뿐만 아니라 모든 사람들이 나눠봤을 법한 일상 속 대화가 아닐까 싶은데요. 오늘 이 시간엔 바로 "너 지금 뭐해? / 나 지금 ~하고 있어. / 나 요즘 ~하는 중이야. / 우리 ~하러 가지 않을래?"와 같은 정말 유용한 기초 회화 패턴을 배워보도록 하겠습니다. 영어회화는 벼락치기로 며칠 몰아서 한다고 되는 게 아니란 거, 잘 알고 계시죠? 오늘은 취준생 Leo와 David의 대화를 통해 아래의 회화 패턴 4개만 입에 착! 붙이고 가도록 합시다.

오늘의 핵심 패턴 & 문법 포인트 🔑

- **What are you doing? / I'm 동사 ing.**

  너 뭐 하고 있어? / 나 _____하는 중이야.

- **I'm 형용사 .**

  나 (기분/상태가) _____해.

- **I'm 동사 ing these days.**

  나 요즘 _____하는 중이야.

- **Why don't we 동사 ?**

  우리 _____하는 게 어때?

David

Hey, Leo. **What are you doing**?

헤이, Leo. 너 뭐 하고 있어?

Leo

I'm writ**ing** my resume. **I'm** so busy.

나 이력서 쓰는 중이야. 나 정말 바빠.

David

You're look**ing** for a job **these days**, right?

너 요즘 구직 중이구나. 그렇지?

Leo

Yeah, it's killing me.

맞아, 골치 아파 죽겠어.

David

Why don't we go for a drink then?

그럼 우리 술이나 한 잔 하러 가는 거 어때?

Leo

That sounds good!

그거 좋지!

David

It's on me.

내가 쏠게.

Leo

Really? Thank you.

진짜? 고마워.

Vocabulary & Expressions 엿보기

write a resume 이력서를 쓰다 **busy** 바쁜(형용사) **look for a job** 일자리를 찾다
go for a drink 술 마시러 가다 **It's on me.** 내가 살게(내가 쏠게). **It's killing me.** 골치 아파 죽겠어. (골치 아픈 생각/일거리가 있을 때 이 표현을 씀)

Speaking! 패턴과 키워드를 활용해 한글을 영어로 바꿔 말해봅시다! 002

 What are you doing? / I'm 동사 ing.

> write my resume 이력서를 쓰다　work on a school project 학교 과제를 하다
> watch a movie 영화를 보다(관람하다)　on TV TV로

나 이력서 쓰는 중이야.	▶ **I'm** writ**ing** my resume.
나 학교 과제 하는 중이야.	▶ **I'm** work**ing** on a school project.
나 TV로 영화 보는 중이야.	▶ **I'm** watch**ing** a movie on TV.

 I'm 형용사 .

> (so) busy (너무) 바쁜　(so) tired (너무) 피곤한　(so) hungry (너무) 배고픈

나 정말 바빠.	▶ **I'm** so busy.
나 정말 피곤해.	▶ **I'm** so tired.
나 정말 배고파.	▶ **I'm** so hungry.

 I'm 동사 ing these days.

> look for a job 일자리를 찾다　study English 영어 공부하다
> see someone 누군가를 사귀다("누군가를 본다"는 것이 "사귄다"는 것을 뜻함)

나 요즘 구직 중이야.	▶ **I'm** look**ing** for a job **these days**.
나 요즘 영어 공부 중이야.	▶ **I'm** study**ing** English **these days**.
나 요즘 사귀는 사람 있어.	▶ **I'm** see**ing** someone **these days**.

 Why don't we 동사 ?

> go for a drink 술 마시러 가다　have lunch together 함께 점심을 먹다
> order some Chinese 중국 음식을 시키다(주문하다)

우리 술 한 잔 하러 가는 거 어때?
▶ **Why don't we** go for a drink?

우리 같이 점심 먹는 거 어때?
▶ **Why don't we** have lunch together?

우리 중국 음식을 좀 시키는 건 어때?
▶ **Why don't we** order some Chinese?

 **riting!** 틈나는 시간을 활용해 문장을 써보는 연습도 해봅시다!

- 너 뭐하고 있어?
  🖉 _____

- 나 학교 과제 하는 중이야.
  🖉 _____

- 나 이력서 쓰는 중이야.
  🖉 _____

- 나 요즘 구직 중이야.
  🖉 _____

- 나 요즘 사귀는 사람 있어.
  🖉 _____

- 우리 술 한 잔 하러 가는 거 어때?
  🖉 _____

- 우리 같이 점심 먹는 거 어때?
  🖉 _____

- 우리 중국 음식을 좀 시키는 건 어때?
  🖉 _____

- 나 정말 바빠.
  🖉 _____

- 나 정말 피곤해.
  🖉 _____

Do It Yourself! 외국인과 스스로 대화를 나눠봅시다! 003

옆에 있는 QR코드를 휴대폰으로 스캔하게 되면, 외국인의 말이 음성으로 나오게 됩니다. 외국인의 말을
듣고 난 후, 배웠던 표현을 활용하여 외국인의 말에 맞장구를 쳐주면 됩니다. 자, 준비 되셨나요?
그럼 시작해봅시다. Let's go!

1. What are you doing now? 너 지금 뭐하고 있어?
2. What are you doing these days? 너 요즘 뭐해?
3. Why don't we go for a drink? 우리 술이나 한 잔 하러 가는 거 어때?

02 취업 스터디

내일을 위해 힘차게 달리는 취준생 Leo, 오늘도 피곤한 몸을 이끌며 스터디를 하러 왔습니다. 오늘의 대화에선 Leo가 스터디 그룹 조장 Willy에게 자기소개서 작성법에 대한 조언을 구하게 될 텐데요, 여러분들 중에도 혹시 자소서를 쓰며 취업을 위해 웅크리고 계신 분들이 있다면, 언젠가는 본인만의 방향을 위해서 도약해 나가길 쌤이 열렬히 응원합니다! 오늘 이 시간엔 Leo와 스터디 조장 Willy의 대화를 통해 "난 보통 ～하는 편이야. / 난 보통 ～하지 않는 편이야. / 난 거의 ～하지 않아. / 너 ～하고 싶진 않을 거 아냐(안 그래?)"와 같은 아주 유용한 회화 패턴을 배워보도록 하겠습니다.

오늘의 핵심 패턴 & 문법 포인트

- **I usually 동사 .**

  나는 보통 _____해(한 편이야).

- **I don't usually 동사 .**

  나는 보통 _____하지 않아(않는 편이야).

- **I hardly ever 동사 .**

  나는 거의 _____하지 않아.

- **You don't want to 동사 .**

  너 ___하고 싶진 않을 거 아냐. (너 ___하지 말도록 해.)

Conversation! 004

QR코드를 스캔하면 아래 대화의 MP3가 재생됩니다!

 Leo

I'm so sleepy because **I don't usually** wake up early in the morning.

아침에 일찍 일어나는 편이 아니라 그런지 너무 졸려요.

 Willy

I know **you hardly ever** wake up early, but you came in early today.

너 거의 일찍 안 일어나는 거 알아, 그런데 오늘은 일찍 왔네.

 Leo

Of course I had to.
Because I am still between jobs.

당연히 그래야죠. 저 아직 구직 중이잖아요.

 Willy

Yeah, right. Give me your CV letter by the way.

하긴, 그렇지. 아무튼 네 자소서 좀 나한테 줘봐.

 Leo

Here you are.

여기 있어요.

 Willy

I don't usually help others with their CV letters, but I will do it for you.

나 보통 다른 사람들 자소서 안 도와주는 데, 너니까 이거 도와주는 거야.

 Leo

Thank you.

고마워요.

 Willy

You don't want to talk about your weak points too much.

네 약점에 대해선 너무 많이 말하지 말도록 해.

Vocabulary & Expressions 엿보기

sleepy 졸린   wake up early 일찍 일어나다   come(came) in early 일찍 오다(왔다)
between jobs 구직 상태인   CV letter 자기소개서   by the way 아무튼, 그나저나
help A with B A가 B하는 걸 돕다   talk about ~ ~에 대해 말하다   weak points 약점

 peaking! 패턴과 키워드를 활용해 한글을 영어로 바꿔 말해봅시다!   005

 I usually 동사 .

> get up at ~ ~시에 일어나다   skip breakfast 아침을 거르다
> stay home 집에 머물다   on Sundays 일요일마다(일요일에)

난 6시에 일어나는 편이야.　　　　　　▶ **I usually** get up at six.

난 아침을 거르는 편이야.　　　　　　▶ **I usually** skip breakfast.

난 일요일엔 집에 있는 편이야.　　　　▶ **I usually** stay home on Sundays.

 I don't usually 동사 .

> have breakfast 아침을 먹다   drink 술 마시다   dress like this 이렇게 옷 입다

난 아침을 먹지 않는 편이야.　　　　　▶ **I don't usually** have breakfast.

난 술 마시지 않는 편이야.　　　　　　▶ **I don't usually** drink.

난 이렇게 입지 않는 편이야.　　　　　▶ **I don't usually** dress like this.

 I hardly ever 동사 .

> drink coffee 커피를 마시다   listen to the radio 라디오를 듣다
> remember my dreams 나의 꿈(내가 꾼 꿈)을 기억하다

나 커피를 거의 안 마셔.　　　　　　　▶ **I hardly ever** drink coffee.

난 라디오는 거의 안 들어.　　　　　　▶ **I hardly ever** listen to the radio.

난 꿈을 거의 기억하지 못해.　　　　　▶ **I hardly ever** remember my dreams.

 You don't want to 동사 .

> eat alone 혼자서 밥 먹다   miss one's train (~의) 기차를 놓치다
> be late for school 학교에 늦다

너 혼자서 밥 먹고 싶진 않을 거 아냐. (너 혼자서 밥 먹지 마.)
▶ **You don't want to** eat alone.

너 기차를 놓치고 싶진 않을 거 아냐. (너 기차 놓치지 마.)
▶ **You don't want to** miss your train.

너 학교에 늦고 싶진 않을 거 아냐. (너 학교에 늦지 마.)
▶ **You don't want to** be late for school.

riting! 틈나는 시간을 활용해 문장을 써보는 연습도 해봅시다!

- 난 술을 마시지 않는 편이야.
  🖉 _____

- 나는 아침을 먹지 않는 편이야.
  🖉 _____

- 너 혼자서 밥 먹고 싶진 않을 거 아냐. (너 혼자서 밥 먹지 마.)
  🖉 _____

- 너 학교에 늦고 싶진 않을 거 아냐. (너 학교에 늦지 마.)
  🖉 _____

- 나 6시에 일어나는 편이야.
  🖉 _____

- 나 일요일엔 집에 있는 편이야.
  🖉 _____

- 나 아침을 거르는 편이야.
  🖉 _____

- 나 커피를 거의 안 마셔.
  🖉 _____

- 나 꿈을 거의 기억하지 못해.
  🖉 _____

- 나 라디오는 거의 안 들어.
  🖉 _____

Do It Yourself! 외국인과 스스로 대화를 나눠봅시다! 🎧 006

옆에 있는 QR코드를 휴대폰으로 스캔하게 되면, 외국인의 말이 음성으로 나오게 됩니다. 외국인의 말을 듣고 난 후, 배웠던 표현을 활용하여 외국인의 말에 맞장구를 쳐주면 됩니다. 자, 준비 되셨나요? 그럼 시작해봅시다. Let's go!

1. Do you want to go for a drink with me? 나랑 술 마시러 가지 않을래?
2. How often do you have breakfast? 넌 아침을 얼마나 자주 먹는 편이야?
3. I guess, I have to eat alone. I'm lonely. 내 생각에 나 혼자 밥 먹어야 할 거 같아. 나 외롭다.

UNIT
03 지갑이 얇은 대한민국 청춘

자기소개서까지 끝내고 이젠 면접만을 앞두고 있는 Leo, 허나 정장 살 돈 하나 없이 빠듯한 Leo는 여전히 옷을 구하지 못해 전전긍긍하고 있습니다. 혹시 여러분 중에도 한 때, 아니면 지금 면접용 정장 살 돈조차 없어 돈 한두 푼에 벌벌 떨고 계신 분 있나요? 걱정하지 마세요. 그런 아픈 시절이 다 여러분의 멋진 미래가 되어 다시 돌아올 거라는 걸, 쌤은 믿어 의심치 않습니다! 오늘 이 시간엔 Leo와 그의 친구 David의 대화를 통해 "나 ~하는 중이었어. / 너 아직도 ~하고 있어? / 나 ~가 충분치 않아."와 같은 입에 착! 붙는 또 다른 회화 패턴을 배워보도록 하겠습니다.

🔑 오늘의 핵심 패턴 & 문법 포인트

- **I was ___동사___ ing.**

  나 _____하는 중이었어.

- **Are you still ___동사___ ing?**

  너 아직도 _____하고 있는 중이야?

- **I don't(didn't) have enough ___명사___ .**

  난 _____가 충분치 않아(않았어).

- **What were you doing when everybody else ___과거동사___ ?**

  남들 다 _____할 때 넌 뭘 하고 있었던 거야?

Leo

I was look**ing** for a suit for my interview
last week, but I couldn't find any good ones.

지난 주에 면접용 정장을 찾아보고 있었는데,
좋은 걸 하나도 발견 못했어.

 David

Really? **Are you still** look**ing** for a suit?

정말? 너 아직도 정장을 구하고 있어?

 Leo

Yeah, I was busy.

응, 나 바빴잖아.

 David

**What were you doing
when everybody else** bought a suit?

남들 다 정장 구할 때 넌 뭘 하고 있었던 거야?

Leo

Actually, **I didn't have enough** money.

사실, 돈이 충분치가 않았거든.

 David

Oh, don't worry, man. I can lend you money.

걱정 마, 친구. 돈은 내가 빌려줄 수 있어.

 Leo

Really? Thank you!
I will pay you back when I get a job.

정말? 고마워! 취직하면 내가 꼭 갚을게.

 David

No problem. What are friends for?

괜찮아. 친구 좋다는 게 뭐야?

Vocabulary & Expressions 엿보기

look for ~ ~을 찾다   **a suit** 정장   **interview** 면접   **last week** 지난 주   **I couldn't** ~ ~할 수 없었다
buy-bought 사다–샀다(과거)   **lend** 빌려주다   **pay someone back** ~에게 돈을 갚다
get a job 취직하다   **no problem** 괜찮아   **what are friends for?** 친구 좋다는 게 뭐야?

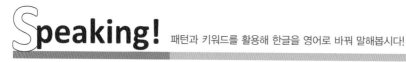

 009 I was 동사 ing.

look for ~ ~을 찾다   talk on the phone 통화하다   relax at home 집에서 쉬다

나 너를 찾고 있었어.
나 통화 중이었어.
나 집에서 쉬는 중이었어.

▶ **I was** look**ing** for you.
▶ **I was** talk**ing** on the phone.
▶ **I was** relax**ing** at home.

010 Are you still 동사 ing?

look for a job 구직하다   work there 그곳에서 일하다   date ~ ~와 데이트하다

너 아직도 구직 중이야?
너 아직도 거기서 일해?
너 아직도 그 남자랑 사귀어?

▶ **Are you still** looking for a job?
▶ **Are you still** working there?
▶ **Are you still** dating him?

 011 I don't(didn't) have enough 명사 .

money 돈   time 시간   clothe 옷 (복수형은 clothes)

나 돈이 충분치 않아.
나 시간이 충분치 않아.
나 옷이 충분치 않아.

▶ **I don't have enough** money.
▶ **I don't have enough** time.
▶ **I don't have enough** clothes.

 012 What were you doing when everybody else 과거동사 ?

study 공부하다   get a job 직장을 구하다(취직하다)   work 일하다

남들 다 공부할 때 넌 뭐하고 있었던 거야?
▶ **What were you doing when everybody else** was studying?

남들 다 직장 구할 때 넌 뭐하고 있었던 거야?
▶ **What were you doing when everybody else** was getting a job?

남들 다 일할 때 넌 뭐하고 있었던 거야?
▶ **What were you doing when everybody else** was working?

# Writing! 틈나는 시간을 활용해 문장을 써보는 연습도 해봅시다!

- 나 집에서 쉬는 중이었어.
  🖉 _____

- 나 통화 중이었어.
  🖉 _____

- 나 너를 찾고 있었어.
  🖉 _____

- 나 돈이 충분치 않아.
  🖉 _____

- 나 시간이 충분치 않아.
  🖉 _____

- 너 아직도 구직 중이야?
  🖉 _____

- 너 아직도 거기서 일해?
  🖉 _____

- 너 아직도 그 남자랑 사귀어?
  🖉 _____

- 남들 다 공부할 때 넌 뭐하고 있었던 거야?
  🖉 _____

- 남들 다 직장 구할 때 넌 뭐하고 있었던 거야?
  🖉 _____

Do It Yourself! 외국인과 스스로 대화를 나눠봅시다! 🎧 009

옆에 있는 QR코드를 휴대폰으로 스캔하게 되면, 외국인의 말이 음성으로 나오게 됩니다. 외국인의 말을 듣고 난 후, 배웠던 표현을 활용하여 외국인의 말에 맞장구를 쳐주면 됩니다. 자, 준비 되셨나요? 그럼 시작해봅시다. Let's go!

1. What were you doing when I called you last night? 내가 어젯밤 전화했을 때 너 뭐하고 있었어?
2. Can you buy me a laptop? 나 노트북 한 대 사줄 수 있어?
3. I'm still looking for a job. 나 아직도 직장을 구하는 중이야.

04 면접장에서의 주접

열심히 스터디도 하고 친구에게 돈도 빌려 정장까지 구입해 면접장에 온 Leo, 과연 오늘 면접이 생각했던 것처럼 잘 풀릴까요? 혹시 여러분들 중 Leo와 같이 면접을 준비하는 분이 계시다면, 너무 긴장하지 말고 면접장에서 면접관들과 커피한 잔을 놓고 일대일로 편하게 대화하듯 자신감 있게 이야기를 풀어나가 보는 건 어떨까요? 오늘은 이러한 면접장에서의 대화를 통해 "최선을 다해 ~하겠습니다. / 전 ~할 거라고 확신합니다."와 같은 구직자 단골 멘트, 그리고 "~할지 의문이군요. / ~할 것 같진 않군요."와 같은 부정적인 견해를 피력할 때 쓰는 회화 패턴을 배워보도록 하겠습니다.

오늘의 핵심 패턴 & 문법 포인트

- **I will do my best to 동사 .**

  최선을 다해 _____하겠습니다.

- **I'm sure 명사 will 동사 .**

  전 _____가 _____할 거라고 확신합니다.

- **I doubt if 명사 will 동사 .**

  _____가 _____할지 의문이군요.

- **I don't think 명사 will 동사 .**

  _____가 _____할 거 같진 않아요(할 거라 생각지 않아요).

We'll ask you a few questions about your resume.

이력서에 관해 몇 가지 질문을 좀 드릴게요.

Yes, sir. **I will do my best to** answer.

네. 최선을 다해 대답하겠습니다.

It won't take long. Here's the question.
Why should we hire you?

오래 걸리진 않을 거예요. 질문 드리겠습니다.
왜 저희가 당신을 고용해야만 하죠?

Because **I'm sure** my career experience as an intern
will be a great asset to your company.

왜냐면 인턴으로서의 제 경력이 귀사에
훌륭한 자산이 될 것이라 확신하기 때문입니다.

That's interesting. What is your ambition?

흥미롭군요. 당신의 포부는 무엇인가요?

My... ambition is... sorry, sir. Actually, I don't know.

제… 포부는… 죄송합니다. 사실 잘 모르겠습니다.

Haha, **I doubt if** we'll see each other again.

하하. 저희가 서로 다시 보게 될지 의문이군요.

(Darn it. **I don't think** I **will** be hird.)

(제길, 아무래도 고용되긴 그른 것 같다.)

Vocabulary & Expressions 엿보기

ask someone a question ~에게 질문하다   resume 이력서   answer 대답하다
take long 오래 걸리다   hire 고용하다   career experience 업무경험, 경력   asset 자산
ambition 포부, 야망   darn it 에잇, 아뿔싸, 제길

Speaking!

---

013 **I will(=I'll) do my best to __동사__ .**

> explain 설명하다 help someone ~을 돕다 get over ~ ~을 극복하다

최선을 다해 설명해볼게.

최선을 다해 널 도울게.

최선을 다해 이걸 극복해볼게.

▶ **I'll do my best to** explain.

▶ **I'll do my best to** help you.

▶ **I'll do my best to** get over it.

---

014 **I'm sure __명사__ will __동사__ .**

> pass the test 시험에 붙다 call someone ~에게 전화하다 rain 비가 오다

그가 시험에 붙을 거라 확신해.

그녀가 네게 전화할 거라 확신해.

내일 비가 올 거라 확신해.

▶ **I'm sure** he **will** pass the test.

▶ **I'm sure** she **will** call you.

▶ **I'm sure** it **will** rain tomorrow.

---

015 **I doubt if __명사__ will __동사__ .**

> come on time 제 시간에 오다 remember 기억하다 accept 받아들이다

그가 제 시간에 올지 의문이야.

그녀가 날 기억할지 의문이야.

그가 이걸 받아들일지 의문이야.

▶ **I doubt if** he **will** come on time.

▶ **I doubt if** she **will** remember me.

▶ **I doubt if** he **will** accept it.

---

016 **I don't think __명사__ will __동사__ .**

> be back 돌아오다 like something ~을 좋아하다 a problem 문제

그가 돌아올 거 같진 않아.

그녀가 그걸 좋아할 것 같진 않아.

그게 문제가 될 것 같진 않아.

▶ **I don't think** he **will** be back.

▶ **I don't think** she **will** like it.

▶ **I don't think** it **will** be a problem.

**riting!** 틈나는 시간을 활용해 문장을 써보는 연습도 해봅시다!

- 그녀가 네게 전화할 거라 확신해.
  ✎ _____

- 그가 시험에 붙을 거라 확신해.
  ✎ _____

- 내일 비가 올 거라 확신해.
  ✎ _____

- 그가 제 시간에 올지 의문이야.
  ✎ _____

- 그녀가 날 기억할지 의문이야.
  ✎ _____

- 그가 이걸 받아들일지 의문이야.
  ✎ _____

- 그가 돌아올 거 같진 않아.
  ✎ _____

- 그녀가 그걸 좋아할 것 같진 않아.
  ✎ _____

- 최선을 다해 널 도울게.
  ✎ _____

- 최선을 다해 이걸 극복해볼게.
  ✎ _____

Do It Yourself!　외국인과 스스로 대화를 나눠봅시다! 🎧 012

옆에 있는 QR코드를 휴대폰으로 스캔하게 되면, 외국인의 말이 음성으로 나오게 됩니다. 외국인의 말을 듣고 난 후, 배웠던 표현을 활용하여 외국인의 말에 맞장구를 쳐주면 됩니다. 자, 준비 되셨나요? 그럼 시작해봅시다. Let's go!

1. Will she call me tonight? 그녀가 오늘밤 내게 전화할까?
2. Do you think he will pass the test? 그가 시험에 붙을 거라고 생각해?
3. Do you think it will rain tomorrow? 내일 비가 올 거라고 봐?

UNIT 05

면접에 떨어지면 아프다.

면접 중 바보처럼 말을 더듬거려 실수를 하게 된 Leo, 결국 면접에 떨어진 뒤 여자친구 Crystal에게 면접 탈락 사실을 털어놓으며 깊은 자괴감에 빠집니다. 여러분들 중에서도 면접이든 뭐든 무언가에 실패한 뒤 깊은 좌절에 빠진 분이 계시다면, 실패한 과거에 연연하기보단 또 다른 가능성이 있는 미래의 새로운 것을 시도해보는, 그러한 긍정 마인드를 가져보는게 어떨까요? 오늘 이 시간엔 면접에 떨어진 Leo와 그의 여자친구 Crystal의 대화를 통해 "나 ~할 거야. / 나 절대 ~하지 않을 거야. / 나 ~하게 돼서 ~해."와 같은 회화 패턴을 입에 착! 붙여보도록 합시다.

오늘의 핵심 패턴 & 문법 포인트

- **I'm going to __동사__ .**

  나 _____할 거야.

- **I'm never going to __동사__ .**

  나 절대 _____하지 않을 거야.

- **I was going to __동사__ .**

  나 _____하려고 했었어.

- **I'm __감정 형용사__ to __동사__ .**

  나 _____하게 돼서 _____해.

Conversation! 013

 Leo

Honey, **I was** not **going to** tell you this, but…

자기야, 자기한테 이거 말 안 하려고 했는데, 그런데…

 Crystal

What's that?

그게 뭔데?

 Leo

I failed the interview.

나 면접에 떨어졌어.

Crystal

Oh, **I'm** sorry **to** hear that. It's ok.
Look on the bright side.

이런, 그렇게 됐다니 정말 유감이야. 괜찮아.
긍정적인 면을 보도록 해.

 Leo

I'm never going to try it again. I'm an idiot.

다신 시도하지 않을 거야. 난 멍청이에 불과해.

 Crystal

No, Leo. **You're going to** do it again.
Never give up. Don't you have any ambition?

아니야, Leo. 자긴 다시 하게 될 거야.
절대 포기하지마. 자기는 아무런 포부도 없어?

Leo

Exactly. I failed the interview because
I have no ambition.

맞아. 난 아무런 포부도 없어서 면접에 떨어진 거야.

 Crystal

No, it's not because of that. Cheer up!

아냐. 그것 때문이 아니야. 힘내!

Vocabulary & Expressions 엿보기

honey 자기야   fail ~ ~을 실패하다   I'm sorry to ~ ~하게 돼서 유감이다
look on ~ ~을 보다, 고려하다   try 시도하다   give up 포기하다   idiot 바보, 멍청이
ambition 포부, 야망   cheer up 힘내

I'm going to 동사 .

> give someone a call ～에게 전화하다   text someone ～에게 문자를 보내다
> tonight 오늘밤   stay here 이곳에(여기에) 머물다

너한테 전화할게.

갸한테 오늘밤 문자 보낼 거야.

나 여기 있을 거야.

▶ **I'm going to** give you a call.

▶ **I'm going to** text him tonight.

▶ **I'm going to** stay here.

 I'm never going to 동사 .

> see 보다   leave someone ～을 떠나다   forget 잊다, 까먹다

다신 그녀를 보지 않을 거야.

너를 절대 떠나지 않을게.

절대 그걸 잊지 않을 거야.

▶ **I'm never going to** see her again.

▶ **I'm never going to** leave you.

▶ **I'm never going to** forget that.

 I was going to 동사 .

> tell 말하다   ask someone about A A에 대해 ～에게 물어보다   doctor 의사

너한테 말하려고 했었어.

너한테 그걸 물어보려고 했었어.

난 의사가 되려고 했었어.

▶ **I was going to** tell you.

▶ **I was going to** ask you about it.

▶ **I was going to** be a doctor.

 I'm 감정 형용사 to 동사 .

> sad 슬픈   glad 기쁜   excited 신나는, 흥분되는
> hear that news 그 소식을 듣다   watch a movie 영화를 보다

그런 소식을 듣게 돼서 슬퍼.

널 다시 만나게 돼서 기뻐.

영화를 보게 돼서 너무 신나.

▶ **I'm** sad **to** hear that news.

▶ **I'm** glad **to** see you again.

▶ **I'm** excited **to** watch a movie.

 **riting!** 틈나는 시간을 활용해 문장을 써보는 연습도 해봅시다!

- 걔한테 오늘밤 문자 보낼 거야.
  🖉 _____

- 너한테 전화할게.
  🖉 _____

- 나 여기 있을 거야.
  🖉 _____

- 너한테 말하려고 했었어.
  🖉 _____

- 너한테 그걸 물어보려고 했었어.
  🖉 _____

- 난 의사가 되려고 했었어.
  🖉 _____

- 다신 그녀를 보지 않을 거야.
  🖉 _____

- 너를 절대 떠나지 않을게.
  🖉 _____

- 그런 소식을 듣게 돼서 슬퍼.
  🖉 _____

- 널 다시 만나게 돼서 기뻐.
  🖉 _____

Do It Yourself! 외국인과 스스로 대화를 나눠봅시다! 🎧 015

옆에 있는 QR코드를 휴대폰으로 스캔하게 되면, 외국인의 말이 음성으로 나오게 됩니다. 외국인의 말을 듣고 난 후, 배웠던 표현을 활용하여 외국인의 말에 맞장구를 쳐주면 됩니다. 자, 준비 되셨나요? 그럼 시작해봅시다. Let's go!

1. When are you going to text him? 너 언제 걔한테 문자 보낼 거야?
2. Why didn't you tell me? 왜 나한테 말 안 했어?
3. You know what? I failed the interview again. 그거 알아? 나 면접에 또 떨어졌어.

UNIT

06 실수투성이 알바생, Leo

면접에서 쓰디쓴 실패를 맛 본 Leo, 하지만 슬퍼할 겨를도 없이 취업 준비와 함께 병행 중인 카페 아르바이트라는 현실로 돌아옵니다. 하지만 스트레스가 많았던 탓인지 실수 연발! 그만 손님의 셔츠에 음료를 쏟는 대 실수를 범하고 마는데요. Leo는 과연 이 상황을 잘 극복해낼 수 있을까요? 오늘은 알바생 Leo와 화가 난 손님의 대화를 통해 "저 정말 (기분이) ~ 해요. / 제가 뭘 ~하면 좋을까요? / 저 ~해야겠어요. / 당신 ~하는 게 좋을 거예요."와 같이 고조된 감정을 표현하거나, 혹은 상대방이 해야만 하는 행동을 말할 때 쓰는 회화 패턴들을 배워보도록 하겠습니다.

오늘의 핵심 패턴 & 문법 포인트

- **I'm terribly _형용사_.**

  저 정말/몹시 _____해요.

- **What should I _동사_?**

  제가 뭘 _____해야만 할까요(하면 좋을까요)?

- **I should _동사_.**

  저 _____해야겠어요(하는 게 좋을 거 같아요).

- **You should _동사_.**

  당신은 _____해야만 해요(하는 게 좋을 거예요).

Leo

(Leo spilt coffee over his customer's shirt)
Oops! Oh, **I'm terribly** sorry.

(Leo가 손님 셔츠에 커피를 쏟음) 앗! 정말 죄송합니다.

 Customer

What the… You've got to be kidding me.

뭐 이런… 지금 나한테 장난해요.

 Leo

Sorry, **what should I** do?

죄송합니다. 어떻게 해드리면 좋을까요?

 Customer

What? I guess, **I should** meet your manager.

뭐요? 제 생각엔 당신 매니저를 만나봐야겠어요.

 Leo

Sorry, ma'am. **This shouldn't** be reported.

죄송합니다, 손님. 이게 보고되면 안돼요.

 Customer

It's not my problem. **You should** be punished.

그건 제 알 바 아니에요. 당신 벌 좀 받아봐야 돼.

 Leo

I'll do everything. Please.

뭐든 하겠습니다. 부탁 드려요.

 Customer

Really? Then **you should** just shut up
and get out of my sight!

진짜요? 그럼 그냥 입 다물고 제 앞에서 사라져요!

Vocabulary & Expressions 엿보기

spill-spilt 쏟다-쏟았다(과거형) **You've got to be kidding me.** 너 장난하는 거지.
ma'am (여성을 정중히 부를 때 쓰는 호칭)부인, 손님 **be reported** 보고되다
be punished 혼나다 **shut up** 입을 다물다 **get out of my sight** 내 눈앞에서 사라지다

I'm terribly 형용사 .

> tired 피곤한 exhausted 지친 disappointed 실망한

나 정말(몹시) 피곤해. ▶ **I'm terribly** tired.

나 정말(몹시) 지쳤어. ▶ **I'm terribly** exhausted.

나 정말(몹시) 실망이야. ▶ **I'm terribly** disappointed.

 What should I 동사 ?

> do 하다 say to someone ~에게 말하다 wear 입다 to the party 파티에

내가 뭘 해야만 하지? ▶ **What should I** do?

내가 그에게 뭐라고 말해야 하지? ▶ **What should I** say to him?

나 파티에 뭘 입어야 하지? ▶ **What should I** wear to the party?

 I should 동사 .

> quit drinking 술을 끊다, 금주하다 eat 먹다 fresh fruit 신선한 과일
> ask someone for … ~에게 …을 부탁하다 a date 데이트

나 술을 끊는 게 좋을 것 같아. ▶ **I should** quit drinking.

나 신선한 과일을 좀 더 먹어야겠어. ▶ **I should** eat more fresh fruit.

나 그녀에게 데이트 신청 해야겠어. ▶ **I should** ask her for a date.

 You should 동사 .

> try to ~ ~하려고 노력하다 careful 주의하는, 조심하는 stop 멈추다, 그만하다
> smoking 흡연 listen to someone ~의 말을 듣다

넌 좀 더 조심하도록 노력해야 해.
▶ **You should** try to be more careful.

너 금연하는 게 좋을 거야.
▶ **You should** stop smoking.

너 엄마 말씀 듣는 게 좋을 거야.
▶ **You should** listen to your mother.

 **riting!** 틈나는 시간을 활용해 문장을 써보는 연습도 해봅시다!

- 나 정말(몹시) 피곤해.
  🖊 _____

- 나 정말(몹시) 실망이야.
  🖊 _____

- 내가 뭘 해야만 하지?
  🖊 _____

- 내가 걔한테 뭐라고 말해야 하지?
  🖊 _____

- 나 파티에 뭘 입어야 하지?
  🖊 _____

- 나 술을 끊는 게 좋을 것 같아.
  🖊 _____

- 나 그녀에게 데이트 신청 해야겠어.
  🖊 _____

- 넌 좀 더 조심하도록 노력해야 해.
  🖊 _____

- 너 금연하는 게 좋을 거야.
  🖊 _____

- 너 엄마 말씀 듣는 게 좋을 거야.
  🖊 _____

Do It Yourself! 외국인과 스스로 대화를 나눠봅시다! 🎧 018

옆에 있는 QR코드를 휴대폰으로 스캔하게 되면, 외국인의 말이 음성으로 나오게 됩니다. 외국인의 말을 듣고 난 후, 배웠던 표현을 활용하여 외국인의 말에 맞장구를 쳐주면 됩니다. 자, 준비 되셨나요? 그럼 시작해봅시다. Let's go!

1. How are you feeling today? 너 오늘 기분은 좀 어때?
2. I think you drink too much. 내 생각에 너 술을 너무 많이 마셔.
3. I made a stupid mistake yesterday. 나 어제 멍청한 실수를 했어.

UNIT 07 여자친구는 승진, 나는 후진

고된 아르바이트를 끝마친 Leo, 여자친구 Crystal로부터 승진했다는 소식을 들은 뒤 자기일인 양 함께 기뻐하고 있지만, 본인의 초라한 현실을 돌아보면 마냥 웃을 수만은 없는 일. 여전히 자괴감에 빠져 자신은 할 수 없을 거란 말만 되풀이합니다. 여러분들 중에도 자신의 처지가 못났다고 생각하는 분이 있다면, 걱정 마세요. 누구나 다 암흑의 시기는 있고, 결국 그 끝엔 빛을 보는 순간이 찾아오니까요. 오늘 이 시간엔 Leo와 Crystal의 대화를 통해 "난 ~할 수 있어. / 내가 ~할 수 있을까? / 내 보기엔 ~할 수 없을 것 같아."와 같은 "Can"을 중심으로 한 회화 패턴을 배워보도록 하겠습니다.

오늘의 핵심 패턴 & 문법 포인트

- **I can __동사__ .**

  난 _____할 수 있어(해도 돼).

- **Can I __동사__ ?**

  내가 _____할 수 있을까(해도 될까)?

- **I don't think __사람__ can __동사__ .**

  내 보기엔 _____가 _____할 수 없을 것(하면 안될 것) 같아.

- **Do you think __사람__ can __동사__ ?**

  넌 _____가 _____할 수 있다고(해도 된다고) 생각해?

Conversation!

🎧 019

 Leo

I just finished my part-time work.
Now **I can** see my lovely girlfriend.

나 이제 아르바이트 끝냈어.
이제야 내 사랑스러운 여자친구를 볼 수 있겠네.

Crystal

Honey, I have good news. I got promoted!

자기야, 나 좋은 소식이 있어. 나 승진했어!

 Leo

Wow! It's good for you. Congratulations.

이야! 정말 잘됐다. 축하해.

Crystal

Well, Leo. **Can I** ask you a question?

저, Leo, 나 뭐 하나 물어봐도 돼?

Leo

Sure.

물론이지.

Crystal

I'll be straightforward.
When **do you think** you **can** get a job?

솔직히 말할게. 자기, 언제쯤 취직할 수 있을 거 같아?

 Leo

… I'm hopeless. **I don't think** I **can** get a job.

… 난 희망이 없어. 나, 취직할 수 없을 것 같아.

Crystal

Man up, Leo. **You can** do it!

남자답게 굴어, 리오. 자긴 할 수 있어!

Vocabulary & Expressions 엿보기

part-time work 시간제 업무(아르바이트) **have good news** 좋은 소식이 있다
get promoted 승진하다 **good for you** 잘했어, 잘됐다 **straightforward** 솔직한
hopeless 희망이 없는 **get a job** 취직하다 **man up** 남자답게 굴어

025 I can 동사 .

> help someone ~을 도와주다   explain 설명하다   this whole thing 이 모든 것
> afford to ~ ~할 여유가 있다   buy the car 차를 사다

나 너를 도와줄 수 있어.   ▶ **I can** help you.

내가 이 모든 걸 설명할 수 있어.   ▶ **I can** explain this whole thing.

나 그 차를 살만한 여유가 돼.   ▶ **I can** afford to buy the car.

 026 Can I 동사 ?

> ask ~ something ~에게 뭔가를 물어보다   be honest with ~ ~에게 솔직해지다
> use the restroom 화장실을 사용하다

내가 뭣 좀 물어봐도 될까?   ▶ **Can I** ask you something?

나 너한테 솔직해져도 될까?   ▶ **Can I** be honest with you?

나 화장실 좀 써도 될까?   ▶ **Can I** use the restroom?

 027 I don't think 사람 can 동사 .

> do ~ alone ~을 혼자 하다   smoke 담배 피다   afford it 이것을 감당하다

나 이거 혼자선 못할 거 같아.   ▶ **I don't think** I **can** do it alone.

너 여기서 담배 피면 안 된다고 봐.   ▶ **I don't think** you **can** smoke here.

우리가 이걸 감당 못할 거라고 봐.   ▶ **I don't think** we **can** afford it.

 028 Do you think 사람 can 동사 ?

> handle ~ ~을 다루다, 처리하다   change 변하다   trust ~ ~을 믿다, 신뢰하다

넌 내가 이걸 다룰 수 있다고 봐?   ▶ **Do you think** I **can** handle it?

넌 그가 바뀔 수 있다고 봐?   ▶ **Do you think** he **can** change?

넌 우리가 그를 믿어도 된다고 봐?   ▶ **Do you think** we **can** trust him?

 **riting!** 틈나는 시간을 활용해 문장을 써보는 연습도 해봅시다!

- 너 여기서 담배 피면 안 된다고 봐.
  ✎ _____

- 나 이거 혼자선 못할 거 같아.
  ✎ _____

- 내가 이 모든 걸 설명할 수 있어.
  ✎ _____

- 나 그 차를 살만한 여유가 돼.
  ✎ _____

- 내가 뭣 좀 물어봐도 될까?
  ✎ _____

- 나 너한테 솔직해져도 될까?
  ✎ _____

- 나 화장실 좀 써도 될까?
  ✎ _____

- 너 내가 이걸 다룰 수 있다고 봐?
  ✎ _____

- 넌 그가 바뀔 수 있다고 봐?
  ✎ _____

- 넌 우리가 그를 믿어도 된다고 봐?
  ✎ _____

Do It Yourself! 외국인과 스스로 대화를 나눠봅시다! 🎧 021

옆에 있는 QR코드를 휴대폰으로 스캔하게 되면, 외국인의 말이 음성으로 나오게 됩니다. 외국인의 말을 듣고 난 후, 배웠던 표현을 활용하여 외국인의 말에 맞장구를 쳐주면 됩니다. 자, 준비 되셨나요? 그럼 시작해봅시다. Let's go!

1. Can we smoke here? 우리 여기서 담배 피워도 되나?
2. Do you think I can handle it? 내가 이걸 할 수 있을 거라고 생각해?
3. What is it all about? 이게 다 무슨 일이야?

08 다시 정신 차리자!

여자친구 Crystal의 승진 소식에 자극을 받은 Leo, 다시 정신을 차리고 취업에 도전합니다. 하지만 친구 David는 Leo를 꼬시며 여전히 놀 궁리만 하려 드는데요. Leo는 과연 친구 David의 방해를 뿌리치고 다시 도전한 만큼 좋은 결과를 낼 수 있을까요? 여러분도 Leo처럼, 실패를 했어도 꺾이지 말고 다시 도전하는 긍정의 힘을 갖길 바랍니다. 실패는 성공의 어머니라는 거, 다들 아시죠? 오늘 이 시간엔 Leo와 David의 대화를 통해 "확실친 않은데, 나 ~할 것 같아. / 넌 반드시 ~해야만 해. / 넌 ~인 게 틀림없어."와 같이 "may / cannot / must"를 중심으로 한 회화 패턴을 배워보도록 합시다.

오늘의 핵심 패턴 & 문법 포인트

- **I'm not sure but, I may __동사__ .**

  확실친 않은데(확신할 순 없지만), 나 ____할 거 같아.

- **You can't be __형용사 or 명사__ .**

  네가 ____일리가 없어.

- **You must __동사__ .**

  넌 반드시 ____해야만 해.

- **You must be __형용사 or 명사__ .**

  넌 ____인 게 틀림없어.

David

Leo, what are you up to tonight?

Leo, 오늘밤 뭐해?

Leo

I'm not sure but,
I may go to a library to write a resume.

확실친 않은데,
아마 이력서 쓰러 도서관에 갈 거 같아.

David

What? Didn't you give up on getting a job?

응? 너 취직하는 거 포기한 거 아니었어?

Leo

No, I didn't.

아니야.

David

You can't be serious. It's not you.

설마 진심은 아니겠지. 너답지 않은 걸.

Leo

You must come to your senses, too.

너도 정신 좀 차려야 해.

David

Oh, Leo, **you must** be too stressed now.

Leo, 너 스트레스를 많이 받은 게 분명한 거 같다.

Leo

Would you just get off my back? I have to go.

부탁인데 나 좀 내버려 둘래? 나 가야 돼.

Vocabulary & Expressions 엿보기

What are you up to? 너 뭐해?　**library** 도서관　**write a resume** 이력서를 쓰다
give up on ~ ~을 포기하다　**come to one's senses** 정신이 들다, 정신을 차리다
be stressed 스트레스를 받다　**get off my back** 나 좀 내버려둬, 귀찮게 하지마

029 **I'm not sure but, I may __동사__ .**

> stay here 여기 머물다 tonight 오늘밤 need a day off (하루) 휴가가 필요하다
> have to ~ ~해야만 하다 leave 떠나다 tomorrow 내일

확실친 않은데, 나 오늘밤 여기에 머물 거 같아.
▶ **I'm not sure but, I may** stay here tonight.

확실친 않은데, 나 하루 정도 휴가가 필요할 거 같아.
▶ **I'm not sure but, I may** need a day off.

확실친 않은데, 나 내일 떠나야만 할 거 같아.
▶ **I'm not sure but, I may** have to leave tomorrow.

030 **You can't be __형용사 or 명사__ .**

> serious 심각한, 진지한 right 옳은 a winner 승자 all the time 항상

네가 진심일 리가 없어.   ▶ **You can't be** serious.
네가 항상 옳기만 할 순 없어.   ▶ **You can't be** right all the time.
네가 항상 승자일수만은 없어.   ▶ **You can't be** a winner all the time.

031 **You must __동사__ .**

> lose weight 살 빼다 finish ~ ~을 끝내다 by tomorrow 내일까지
> think positively 긍정적으로 생각하다

너 꼭 살 빼야 돼.   ▶ **You must** lose weight.
너 이거 내일까지 꼭 끝내야 돼.   ▶ **You must** finish it by tomorrow.
너 반드시 긍정적으로 생각해야 돼.   ▶ **You must** think positively.

032 **You must be __형용사 or 명사__ .**

> good at ~ing ~하는 데 능숙한 cook 요리하다 a hard worker 부지런한 직원

너 굉장히 피곤한 게 분명하구나.   ▶ **You must be** very tired.
너 요리를 잘하는 게 분명하구나.   ▶ **You must be** good at cooking.
넌 부지런한 직원임이 틀림없어.   ▶ **You must be** a hard worker.

Writing! 틈나는 시간을 활용해 문장을 써보는 연습도 해봅시다!

- 확실친 않은데, 나 오늘밤 여기에 머물 거 같아.
  ✎ _____

- 확실친 않은데, 나 내일 떠나야만 할 거 같아.
  ✎ _____

- 너 꼭 살 빼야 돼.
  ✎ _____

- 너 반드시 긍정적으로 생각해야 돼.
  ✎ _____

- 너 이거 내일까지 꼭 끝내야 돼.
  ✎ _____

- 네가 항상 옳기만 할 순 없어.
  ✎ _____

- 네가 항상 승자일수만은 없어.
  ✎ _____

- 너 굉장히 피곤한 게 분명하구나.
  ✎ _____

- 너 요리를 잘하는 게 분명하구나.
  ✎ _____

- 넌 부지런한 직원임이 틀림없어.
  ✎ _____

Do It Yourself! 외국인과 스스로 대화를 나눠봅시다! 024

옆에 있는 QR코드를 휴대폰으로 스캔하게 되면, 외국인의 말이 음성으로 나오게 됩니다. 외국인의 말을 듣고 난 후, 배웠던 표현을 활용하여 외국인의 말에 맞장구를 쳐주면 됩니다. 자, 준비 되셨나요? 그럼 시작해봅시다. Let's go!

1. Are you going to stay here tonight? 너 오늘밤 여기에 머물 거야?
2. I think I'm overweight. 내 생각에 나 비만인 거 같아.
3. I don't think I can do this. 나 이걸 해낼 수 없을 것 같아.

Leo, 드디어 취업하다!

Leo, 길고 긴 터널을 지나 마침내 취업 성공! Leo의 어머니 역시 눈시울을 붉히며 그 기쁨을 같이 만끽합니다. 저 역시 첫 학원에서 영어강사가 되었던 날이 기억납니다. 작은 학원이었음에도 어머니가 그렇게 기뻐하시면서 정장을 한 벌 사주셨는데, 전 항상 그때를 생각하며 초심을 잃지 않고 수업의 작은 한 조각마저 열정으로 채우려 노력합니다. 저의 어머니, 그리고 대한민국의 모든 어머니, 사랑합니다! 오늘 이 시간엔 Leo와 Leo의 어머니의 대화를 통해 "전 ~하곤 했었어요. / 전 ~했던 적이 없어요. / ~해준 것에 대단히 감사해요."와 같은 회화 패턴을 배워보도록 하겠습니다.

오늘의 핵심 패턴 & 문법 포인트

- **I used to __동사__ .**

  전 _____하곤 했었어요.

- **I didn't used to __동사__ .**

  저 _____하지 않고 했었어요(했던 적이 없어요).

- **I really thank __사람__ for __명사 or 동사-ing__ .**

  _____가 _____해준 것에 대단히 감사해요.

- **__사람__ always __동사 (과거동사도 가능)__ .**

  _____는 항상 _____합니다.

Leo

Mom! I did it! Eventually I got a job!

엄마! 해냈어요! 저 마침내 취직했다고요!

 Leo's Mom

Really? I'm so proud of you, son.

정말이냐? 정말 자랑스럽다, 우리 아들.

 Leo

I used to be a pathetic guy, but not anymore.

전 한심한 놈이었지만, 이젠 더 이상 아니에요.

 Leo's Mom

Of course you aren't.

암, 아니고말고.

 Leo

I didn't used to be diligent, but I will do
everything diligently from now on.

저 성실하지 못했었지만, 지금부턴 뭐든지
착실하게 해낼 거예요.

 Leo's Mom

Yes, you will.

그래, 그래야지.

Leo

I really thank you **for** supporting me
and trusting me.

절 지지해주고 믿어주셔서 너무나 감사해요.

 Leo's Mom

Leo, mom **always** loves you.

Leo, 엄마는 널 항상 사랑한단다.

Vocabulary & Expressions 엿보기

eventually 마침내 **get a job** 취직하다 **be proud of** ~ ~을 자랑스럽게 여기다
pathetic 한심한 **not anymore** 더 이상 아닌 **diligent** 부지런한, 성실한 **support** 지지(지원)하다
trust 믿다, 신뢰하다

I used to 동사 .

live here 이곳(여기)에 살다   this song 이 노래   drink like a fish 술을 엄청나게 마시다(술고래)

난 여기에 살았어.   ▶ **I used to** live here.
난 이 노래를 좋아했었어.   ▶ **I used to** love this song.
난 술고래였었지.   ▶ **I used to** drink like a fish.

 I didn't used to 동사 .

like ~ much ~을 많이 좋아하다   be shy 부끄럼 타다   like ~ ~와 같은

난 그를 많이 안 좋아했었어.   ▶ **I didn't used to** like him much.
난 부끄럼을 그리 타지 않았었어.   ▶ **I didn't used to** be so shy.
난 (전에는) 이렇지 않았었어.   ▶ **I didn't used to** be like this.

 I really thank 사람 to 동사 .

time and consideration 시간과 배려(관심)   all of you 여러분 모두
come here 이곳(여기)에 오다   my colleagues 내 동료들   support 지원, 지지

당신의 시간과 관심(을 내주신 것)에 대단히 감사 드립니다.
▶ **I really thank** you **for** your time and consideration.

여러분 모두 오늘 여기에 와주셔서 대단히 감사 드립니다.
▶ **I really thank** all of you **for** coming here today.

제 동료 여러분들의 지원에 대단히 감사 드립니다.
▶ **I really thank** my colleagues **for** their support.

 사람 always 동사 (과거동사도 가능) .

say 말하다   want(wanted) to ~ ~하고 싶다(싶었다)   a write 작가   look confident 당당해 보이다

그는 항상 바쁘다고 말해.   ▶ **He always** says he is busy.
난 항상 작가가 되고 싶었어.   ▶ **I always** wanted to be a writer.
그녀는 항상 당당해 보여.   ▶ **She always** looks confident.

 **riting!** 틈나는 시간을 활용해 문장을 써보는 연습도 해봅시다!

- 난 여기에 살았었어.

  ✎ _____

- 난 이 노래를 좋아했었어.

  ✎ _____

- 난 술고래였었지.

  ✎ _____

- 난 그를 많이 안 좋아했었어.

  ✎ _____

- 난 부끄럼을 그리 타지 않았었어.

  ✎ _____

- 난 (전에는) 이렇지 않았었어.

  ✎ _____

- 난 항상 작가가 되고 싶었어.

  ✎ _____

- 그녀는 항상 당당해 보여.

  ✎ _____

- 여러분 모두 오늘 여기에 와주셔서 대단히 감사 드립니다.

  ✎ _____

- 당신의 시간과 관심(을 내주신 것)에 대단히 감사 드립니다.

  ✎ _____

Do It Yourself! 외국인과 스스로 대화를 나눠봅시다! 🎧 027

옆에 있는 QR코드를 휴대폰으로 스캔하게 되면, 외국인의 말이 음성으로 나오게 됩니다. 외국인의 말을 듣고 난 후, 배웠던 표현을 활용하여 외국인의 말에 맞장구를 쳐주면 됩니다. 자, 준비 되셨나요? 그럼 시작해봅시다. Let's go!

1. Are you still living here? 너 아직도 여기에 살아?
2. Did you used to drink a lot in college? 너 대학 때 술 많이 마셨었니?
3. What was your dream when you were young? 넌 어릴 때 꿈이 뭐였었어?

10 나는 대한민국 신입사원

드디어 굴지의 대기업에 입사한 Leo! 오늘은 신입사원 연수원에서 사장님의 연설을 기다리며 Craig라는 새로운 친구와 대화를 나누고 있습니다. 저는 모든 종류의 첫 날을 좋아합니다. 예를 들어 저는 월요일이 좋습니다. 왜냐면 전 제 일을 너무나 사랑하고, 그렇기에 매주 일을 시작하는 첫 날인 월요일이 너무나 기다려지기 때문입니다. 여러분도 저 같이 월요일이 기다려질 만큼 본인의 일을 사랑하시길! 오늘 이 시간엔, Leo와 신입사원 동기 Craig의 대화를 통해 "절 ～라고 부르시면 돼요. / ～가 정말 많이 있네요. / ～가 있으면 좋을 텐데 말이죠."와 같은 회화 패턴을 배워보도록 하겠습니다.

오늘의 핵심 패턴 & 문법 포인트

- **You can call me** __나의 이름__ .

  절 _____라고 부르시면 돼요.

- **There is** __단수명사__ .

  _____가 있습니다.

- **There are a lot of** __복수명사__ .

  _____가 정말 많이 있습니다.

- **There should be** __단수명사 or 복수명사__ .

  _____가 있어야만 해요(있으면 좋을 텐데 말이죠).

Leo

Hi, nice to meet you. My name is Leo.

안녕하세요, 만나서 반가워요. 저는 Leo예요.

 Craig

Hi, Leo. **You can call me** Craig.

안녕하세요, Leo씨. Craig라고 부르세요.

Leo

There are a lot of new employees here, right?

여기 신입 사원들이 정말 많네요, 그렇죠?

 Craig

Yeah, you bet. But not enough cute girls.

네, 맞아요. 그런데 귀여운 숙녀분은 별로 없네요.

 Leo

There should be more cute girls.

귀여운 여자분들이 좀더 많아야 되는 건데.

 Craig

Haha. Our boss will give a speech soon,
by the way.

하하. 아무튼 곧 사장님께서 연설하실 거예요.

 Leo

Oh, is that right?

앗, 그런가요?

 Craig

Yeah, I'm nervous.

네, 긴장되네요.

Vocabulary & Expressions 엿보기

new employee 신입사원　**enough** 충분한　**cute** 귀여운　**boss** 상사
give a speech 연설하다　**by the way** 아무튼, 그나저나　**nervous** 긴장된, 불안한

You can call me 나의 이름.

"You can call me ~"는 "My name is ~" 대신에도 자주 쓰이는 표현입니다.

Craig라고 부르시면 돼요.   ▶ **You can call me** Craig.
Rachel이라고 부르시면 돼요.   ▶ **You can call me** Rachel.
Jin Soo라고 부르시면 돼요.   ▶ **You can call me** Jin Soo.

 There is 단수명사.

a park 공원   near my house 집 근처에   a big problem 큰 문제
no way to ~ ~할 방법이 없는 상태   escape 도망가다

집 근처에 공원이 있어요.   ▶ **There is** a park near my house.
큰 문제가 하나 있어요.   ▶ **There is** a big problem.
도망갈 방법이 없어요.   ▶ **There is** no way to escape.

 There are a lot of 복수명사.

on the subway 지하철에   nice restaurants 괜찮은 식당들
in my town 우리 동네에   complaints from customers 고객들로부터의 불만

지하철에 사람들이 많이 있군요.
▶ **There are a lot of** people on the subway.

저희 동네에 괜찮은 식당들이 많이 있어요.
▶ **There are a lot of** nice restaurants in my town.

고객들로부터 불만이 많습니다.
▶ **There are a lot of** complaints from customers.

 There should be 단수명사 or 복수명사.

solid evidence 확실한 증거   a time limit 시간 제한   problem(s) 문제점(들)

확실한 증거가 있어야만 해요.   ▶ **There should be** solid evidence.
시간 제한이 있어야만 해요.   ▶ **There should be** a time limit.
아무런 문제가 없어야만 해요.   ▶ **There should be** no problems.

# **W**riting! 틈나는 시간을 활용해 문장을 써보는 연습도 해봅시다!

- Craig라고 부르시면 돼요.
  🖉 _____

- Jin Soo라고 부르시면 돼요.
  🖉 _____

- 집 근처에 공원이 있어요.
  🖉 _____

- 큰 문제가 하나 있어요.
  🖉 _____

- 도망갈 방법이 없어요.
  🖉 _____

- 지하철에 사람들이 많이 있군요.
  🖉 _____

- 저희 동네에 괜찮은 식당들이 많이 있어요.
  🖉 _____

- 고객들로부터 불만이 많습니다.
  🖉 _____

- 확실한 증거가 있어야만 해요.
  🖉 _____

- 아무런 문제가 없어야만 해요.
  🖉 _____

Do It Yourself! 외국인과 스스로 대화를 나눠봅시다! 🎧 030

옆에 있는 QR코드를 휴대폰으로 스캔하게 되면, 외국인의 말이 음성으로 나오게 됩니다. 외국인의 말을 듣고 난 후, 배웠던 표현을 활용하여 외국인의 말에 맞장구를 쳐주면 됩니다. 자, 준비 되셨나요? 그럼 시작해봅시다. Let's go!

1. I'm Leo. What is your name? 난 Leo라고 해. 넌 이름이 뭐야?
2. Is there a park in your town? 너희 동네엔 공원이 있어?
3. I think he's the one who stole my book. 내 생각엔 그가 내 책을 훔쳐간 사람이야.

Review & Practice!

앞서 배운 회화 패턴을 복습한 뒤 연습 문제를 풀어봅시다!

001 **I'm 동사-ing.** 나 _____하는 중이야.

002 **I'm 형용사.** 나 (기분/상태가) _____해.

003 **I'm 동사-ing these days.** 나 요즘 _____하는 중이야.

004 **Why don't we 동사?** 우리 _____하는 게 어때?

005 **I usually 동사.** 나는 보통 _____해(하는 편이야).

006 **I don't usually 동사.** 나는 보통 _____하지 않아(않는 편이야).

007 **I hardly ever 동사.** 나는 거의 _____하지 않아.

008 **You don't want to 동사.** 너 _____하고 싶진 않을 거 아냐.

009 **I was 동사-ing.** 나 _____하는 중이었어.

010 **Are you still 동사-ing?** 너 아직도 _____하고 있는 중이야?

1. 나 이력서 쓰는 중이야. •

2. 나 정말 바빠. •

3. 나 요즘 구직 중이야. •

4. 난 6시에 일어나는 편이야. •

5. 나 아침을 먹지 않는 편이야. •

6. 난 커피를 거의 안 마셔. •

7. 나 통화 중이었어. •

8. 너 아직도 그 남자랑 사귀어? •

• a. I don't usually have breakfast.

• b. I'm talking on the phone.

• c. Are you still dating him?

• d. I'm writing my resume.

• e. I hardly ever drink coffee.

• f. I usually get up at six.

• g. I'm so busy.

• h. I'm looking for a job these days.

정답: 1/d, 2/g, 3/h, 4/f, 5/a, 6/e, 7/b, 8/c

011 I don't(didn't) have enough 명사. 난 ____가 충분치 않아(않았었어).

012 What were you doing when everybody else 과거동사?
남들 다 ____할 때 넌 뭘 하고 있었던 거야?

013 I will do my best to 동사. 최선을 다해 ____하겠습니다.

014 I'm sure 명사 will 동사. 전 ____가 ____할 거라고 확신합니다.

015 I doubt if 명사 wil 동사. ____가 ____할지 의문이군요.

016 I don't think 명사 will 동사. ____가 ____할 것 같진 않아요.

017 I'm going to 동사. 나 ____할 거야.

018 I'm never going to 동사. 나 절대 ____하지 않을 거야.

019 I was going to 동사. 나 ____하려고 했었어.

020 I'm 감정 형용사 to 동사. 나 ____하게 돼서 ____해.

1. 나 돈이 충분치 않아.   •

2. 최선을 다해 널 도울게.   •

3. 내일 비가 올 거라 확신해.   •

4. 그가 제 시간에 올지 의문이야.   •

5. 너한테 전화할게.   •

6. 너를 절대 떠나지 않을게.   •

7. 너한테 말하려고 했었어.   •

8. 널 다시 만나게 돼서 기뻐.   •

• a. I doubt if he will come on time.

• b. I'm going to give you a call.

• c. I'm never going to leave you.

• d. I was going to tell you.

• e. I don't have enough money.

• f. I'm glad to see you again.

• g. I'll do my best to help you.

• h. I'm sure it will rain tomorrow.

정답: 1/e, 2/g, 3/h, 4/a, 5/b, 6/c, 7/d, 8/f

021 **I'm terribly** 형용사. 저 정말/몹시 ____해요.

022 **What should I** 동사? 제가 뭘 ____해야만 할까요(하면 좋을까요)?

023 **I should** 동사. 저 ____해야겠어요(하는 게 좋을 것 같아요).

024 **You should** 동사. 당신은 ____해야만 해요(하는 게 좋을 거예요).

025 **I can** 동사. 난 ____할 수 있어(해도 돼).

026 **Can I** 동사? 내가 ____할 수 있을까(해도 될까)?

027 **I don't think** 사람 **can** 동사. ____가 ____할 수 없을 것 같아.

028 **Do you think** 사람 **can** 동사? 넌 ____가 ____할 수 있다고 생각해?

029 **I'm not sure, but I may** 동사. 확실친 않은데, 나 ____할 거 같아.

030 **You can't be** 형용사/명사. 네가 ____일 리가 없어.

1. 나 정말(몹시) 실망이야. •

2. 나 술을 끊는 게 좋을 것 같아. •

3. 너 금연하는 게 좋을 거야. •

4. 나 그 차를 살만한 여유가 돼. •

5. 내가 뭣 좀 물어봐도 될까? •

6. 나 이거 혼자선 못할 것 같아. •

7. 넌 그가 바뀔 수 있다고 봐? •

8. 네가 항상 옳기만 할 순 없어. •

• a. You should stop smoking.

• b. Do you think he can change?

• c. I can afford to buy the car.

• d. I'm terribly disappointed.

• e. You can't be right all the time.

• f. I should quit drinking.

• g. Can I ask you something?

• h. I don't think I can do it alone.

정답: 1/d, 2/f, 3/a, 4/c, 5/g, 6/h, 7/b, 8/e

031 **You must** 동사. 넌 반드시 _____해야만 해.

032 **You must be** 형용사/동사. 넌 _____인 게 틀림없어.

033 **I used to** 동사. 전 _____하곤 했었어요.

034 **I didn't used to** 동사. 저 _____하지 않곤 했었어요(했던 적이 없어요).

035 **I really thank** 사람 **for** 명사/동사-ing. _____가 _____해준 것에 대단히 감사해요.

036 사람 **always** 동사 (과거동사도 가능). _____는 항상 _____합니다.

037 **You can call me** 나의 이름. 절 _____라고 부르시면 돼요.

038 **There is** 단수명사. _____가 있습니다.

039 **There are a lot of** 복수명사. _____가 정말 많이 있습니다.

040 **There should be** 단수명사/복수명사. _____가 있어야만 해요.

1. 너 이거 내일까지 끝내야 돼. •	• a. You can call me Rachel.
2. 너 많이 피곤한 게 분명하구나. •	• b. There is a park near my house.
3. 나 이 노래를 좋아했었어. •	• c. I didn't used to be like this.
4. 난 (전엔) 이렇지 않았었어. •	• d. You must finish it by tomorrow.
5. 그는 항상 바쁘다고 말해. •	• e. There should be solid evidence.
6. Rachel이라고 부르시면 돼요. •	• f. You must be very tired.
7. 집 근처에 공원이 있어요. •	• g. He always says he is busy.
8. 확실한 증거가 있어야 해요. •	• h. I used to love this song.

정답: 1/d, 2/f, 3/h, 4/c, 5/g, 6/a, 7/b, 8/e

Chapter 2

이야기로 배우는 하루 10분 영어회화, 그 두 번째

신입사원 Leo의
좌충우돌 직장생활

11

회식 끝내고 집에 가고 싶어요!

입사 후 첫 회식문화를 접하게 된 Leo, 술을 과하게 권하는 팀장님 때문에 많이 당황해 하네요. Leo는 과연 회식을 무사히 마치고 맨 정신으로 잘 귀가할 수 있을까요? 요즘 우리 신입 사원들, 선배들에게 센스 있다는 말 한마디 들으려 좋은 회식 장소 섭외부터 회식에서의 농담 및 장기자랑 준비까지, 정말 해야 할 일이 한 두 가지가 아닙니다. 이젠 회식도 스펙인 건가요? 왠지 우울해지네요. 오늘 이 시간엔 회식 자리에서의 Leo와 팀장과의 대화를 통해 "제가 좀 ~한 편입니다. / 무슨 그런 ~가 다 있지? / 저 ~해보는 게 처음입니다."와 같은 회화 패턴을 익혀보도록 하겠습니다.

🔑 오늘의 핵심 패턴 & 문법 포인트

- **I'm kind of 형용사 .**

  제가 좀 _____합니다(한 편입니다).

- **(핀잔) What kind of 명사 is that?**

  무슨 그런 _____가 다 있죠?

- **(단순질문) What kind of 명사 is this?**

  이건 어떤 종류의 _____인가요?

- **It is my first time to–동사 / 동사–ing .**

  저 _____해보는 게 처음입니다.

Team manager

We really welcome you, Leo.

자네를 정말 환영하네, Leo.

Leo

Thank you, sir.

감사합니다, 팀장님.

Team manager

Bottoms up!

쭉~들이키게!(원 샷!)

Leo

Sorry, sir. But **I'm kind of** drunk.
Can I finish it a little later?

죄송해요, 팀장님. 그런데 제가 좀 취해서요.
조금 있다 마셔도 될까요?

Team manager

What? **What kind of** question **is that**?

응? 무슨 그런 질문이 다 있지?

Leo

Ok, I'm drinking! By the way,
What kind of alcohol **is this**? It looks weird.

네, 마시겠습니다! 그나저나, 이건 어떤 술이죠?
좀 이상해 보이네요.

Team manager

Haha. **Is this your first time to** drink
this kind of mixed drink?

하하. 자네 이런 폭탄주 마셔보는 게 처음인가?

Leo

Mixed drink? (Oh, I don't want to puke up!)

폭탄주라고요? (으, 나 토하고 싶지 않은데!)

Vocabulary & Expressions 엿보기

welcome someone ~을 환영하다 **bottoms up!** 쭉 마셔! 원 샷! **drunk** 취한 **question** 질문
by the way 그나저나 **it looks ~** ~해 보이다 **weird** 이상한 **mixed drink** 섞은 술, 폭탄주
puke up 토하다

Speaking!

 I'm kind of 형용사 .

> depressed 우울한 relieved 안심되는 busy 바쁜 right now 지금 당장

나 좀 우울해.   ▶ **I'm kind of** depressed.

나 좀 안심이 돼.   ▶ **I'm kind of** relieved.

나 지금 당장 좀 바빠.   ▶ **I'm kind of** busy right now.

 (핀잔) What kind of 명사 is that?

> food 음식 person 사람 rule 규칙

무슨 그런 음식이 다 있어?   ▶ **What kind of** food **is that**?

무슨 그런 사람이 다 있어?   ▶ **What kind of** person **is that**?

무슨 그런 규칙이 다 있어?   ▶ **What kind of** rule **is that**?

---

043 **(단순질문) What kind of 명사 is this?**

> book 책 game 게임 restaurant 식당

이건 어떤 종류의 책이야?   ▶ **What kind of** book **is this**?

이건 어떤 종류의 게임이야?   ▶ **What kind of** game **is this**?

이건 어떤 종류의 식당이야?   ▶ **What kind of** restaurant **is this**?

 It is my first time to-동사 / 동사-ing .

> visit here 이곳(여기)을 방문하다 ski 스키 타다 see a celebrity 유명인을 보다

나 여기 와보는 건 처음이야.   ▶ **It's my first time** to visit here.

나 스키 타보는 건 처음이야.   ▶ **It's my first time** skiing.

나 유명인을 보는 건 처음이야.   ▶ **It's my first time** seeing a celebrity.

 **riting!** 틈나는 시간을 활용해 문장을 써보는 연습도 해봅시다!

- 무슨 그런 음식이 다 있어?
  🖉 _____

- 무슨 그럼 사람이 다 있어?
  🖉 _____

- 이건 어떤 종류의 게임이야?
  🖉 _____

- 이건 어떤 종류의 책이야?
  🖉 _____

- 이건 어떤 종류의 식당이야?
  🖉 _____

- 나 여기 와보는 건 처음이야.
  🖉 _____

- 나 스키 타보는 건 처음이야.
  🖉 _____

- 나 유명인을 보는 건 처음이야.
  🖉 _____

- 나 좀 우울해.
  🖉 _____

- 나 지금 당장 좀 바빠.
  🖉 _____

Do It Yourself! 외국인과 스스로 대화를 나눠봅시다! 🎧 033

옆에 있는 QR코드를 휴대폰으로 스캔하게 되면, 외국인의 말이 음성으로 나오게 됩니다. 외국인의 말을 듣고 난 후, 배웠던 표현을 활용하여 외국인의 말에 맞장구를 쳐주면 됩니다. 자, 준비 되셨나요? 그럼 시작해봅시다. Let's go!

1. This food tasted really weird. 이 음식 정말 맛이 이상해.
2. Do you know the game "Friends Pop"? 너 "프렌즈팝"이란 게임 알아?
3. Is this your first time to visit here? 너 여기 와보는 거 처음이야?

UNIT 12

점심 메뉴 결정 장애

이제 회사생활에 차츰 적응하기 시작한 Leo, 오늘은 신입사원 연수 때 만난 동기 Craig와 점심으로 무엇을 먹을지 고민하는데요. 두 회사에 합격했을 때 어떤 곳을 가야 할지 고민하는 것보다 더 심각한 고민은 뭐다? 바로 "점심시간에 뭘 먹을까"입니다. 오늘도 점심 메뉴 결정 장애로 인해 고민 중인 많은 분들, 그냥 아무 식당이나 들어갔는데 그곳이 숨겨진 맛집일 수도 있는 거 아닐까요? 대범하게 한 번 질러보시길! 오늘은 Leo와 동기 Craig의 대화를 통해 "나 ~해야 할지 도통 모르겠어. / A와 B 중, 넌 뭐가 더 좋아? / 난 B보다 A가 좋아."와 같은 회화 패턴을 배워보도록 하겠습니다.

오늘의 핵심 패턴 & 문법 포인트

- **I have no idea what to 동사 .**

  나 뭘 _____해야 할지 도통 모르겠어.

- **Between 명사A and 명사B , which one do you prefer?**

  A랑 B 중, 넌 뭐가 더 좋아(나아)?

- **I prefer 명사A to 명사B .**

  난 B보다는 A가 더 좋아(나아).

- **I prefer to 동사A rather than 동사B .**

  난 B하는 것보다는 A하는 게 더 좋아.

Craig

I have no idea what to eat for lunch.

점심으로 뭘 먹어야 할지 도통 모르겠네.

Leo

Right, it's killing me.

그러게, 골치 아프네.

 Craig

What should we eat?

우리 뭘 먹는 게 좋을까?

Leo

Alright then,
I'll give you two different options.

좋아 그럼, 내가 두 가지 옵션을 주도록 하지.

Craig

Ok, what are they?

좋아, 그게 뭔데?

Leo

Between noodles **and** pork cutlet,
which one do you prefer for lunch?

국수랑 돈까스 중 넌 점심으로 뭐가 더 나아?

Craig

Well, **I prefer** pork cutlet **to** noodles.

흠, 난 국수보다는 돈까스가 더 좋은데.

Leo

Sorry, but **I'd prefer to** have noodles
rather than (have) pork cutlet.

미안하지만 난 돈까스보단 국수를 더 먹고 싶은데.

Vocabulary & Expressions 엿보기

for lunch 점심으로 **What should we ~?** 우리 무엇을 ~하는 게 좋을까?
different option 다른 옵션(선택) **noodles** 국수(류) **pork cutlet** 돈까스
I'd prefer to ~ 난 ~하는 게 더 좋아(나아)

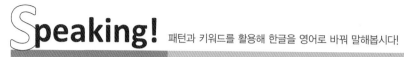

Speaking! 패턴과 키워드를 활용해 한글을 영어로 바꿔 말해봅시다! 035

045 I have no idea what to 동사 .

do 하다 say 말하다 wear 입다

나 뭘 해야 할지 모르겠어.   ▶ **I have no idea what to** do.
나 무슨 말을 해야 할지 모르겠어.   ▶ **I have no idea what to** say.
나 뭘 입어야 할지 모르겠어.   ▶ **I have no idea what to** wear.

046 Between 명사A and 명사B , which one do you prefer?

summer 여름 winter 겨울 spicy food 매운 음식 sweet food 달콤한 음식

여름과 겨울 중, 넌 뭘 더 좋아해?
▶ **Between** summer **and** winter, **which one do you prefer**?

매운 음식과 달짝지근한 음식 중, 넌 뭘 더 좋아해?
▶ **Between** spicy food **and** sweet food, **which one do you prefer**?

047 I prefer 명사A to 명사B .

green tea 녹차 coffee 커피 cats 고양이 dogs 개

난 겨울보단 여름이 더 좋아.   ▶ **I prefer** summer **to** winter.
난 커피보단 녹차가 더 좋아.   ▶ **I prefer** green tea **to** coffee.
난 개보단 고양이가 더 좋아.   ▶ **I prefer** cats **to** dogs.

048 I prefer to 동사A rather than 동사B .

drive 운전하다 travel by train 기차로 여행하다 relax at home 집에서 쉬다
go out (밖으로) 나가다 cook at home 집에서 요리하다 eat out 외식하다

난 기차로 여행하는 것보다 운전하는 게 더 나아.
▶ **I prefer to** drive **rather than** travel by train.
난 밖에 나가는 것보다 집에서 쉬는 게 더 나아.
▶ **I prefer to** relax at home **rather than** go out.
난 외식하는 것보다 집에서 요리하는 게 더 나아.
▶ **I prefer to** cook at home **rather than** eat out.

 **riting!** 틈나는 시간을 활용해 문장을 써보는 연습도 해봅시다!

- 나 뭘 입어야 할지 모르겠어.

  ✎ _____

- 나 무슨 말을 해야 할지 모르겠어.

  ✎ _____

- 나 뭘 해야 할지 모르겠어.

  ✎ _____

- 여름과 겨울 중, 넌 뭘 더 좋아해?

  ✎ _____

- 매운 음식과 달짝지근한 음식 중, 넌 뭘 더 좋아해?

  ✎ _____

- 난 커피보단 녹차가 더 좋아.

  ✎ _____

- 난 개보단 고양이가 더 좋아.

  ✎ _____

- 난 기차로 여행하는 것보다 운전하는 게 더 나아.

  ✎ _____

- 난 밖에 나가는 것보다 집에서 쉬는 게 더 나아.

  ✎ _____

- 난 외식하는 것보다 집에서 요리하는 게 더 나아.

  ✎ _____

Do It Yourself! 외국인과 스스로 대화를 나눠봅시다! 🎧 036

옆에 있는 QR코드를 휴대폰으로 스캔하게 되면, 외국인의 말이 음성으로 나오게 됩니다. 외국인의 말을 듣고 난 후, 배웠던 표현을 활용하여 외국인의 말에 맞장구를 쳐주면 됩니다. 자, 준비 되셨나요? 그럼 시작해봅시다. Let's go!

1. What are you going to wear tonight? 너 오늘밤 뭐 입을 거야?
2. Which do you prefer, rice or bread? 밥이랑 빵 중 넌 뭐가 더 좋아?
3. I prefer green tea to coffee. How about you? 난 커피보단 녹차가 더 좋아. 넌 어때?

13

저, 대출을 신청하려고 합니다.

안정된 직장을 잡게 된 Leo, 이젠 차 한 대 장만해도 되겠다 싶어 은행에 대출을 신청하러 가는데, 생각처럼 쉽지 않은 모양입니다. 대출 이야기가 나왔으니 말인데, 여러분은 결혼할 때 대출을 받아 좋은 아파트에서 시작하고 싶나요, 아니면 대출 없이 작은 집에서 시작하고 싶나요? 전 개인적으로 후자입니다만, 요즘 돈을 모으는 게 정말 쉽지 않죠. 하지만 우리 힘들어도, 돈도 차근차근, 영어 실력도 차근차근 쌓아나가 봅시다! 오늘 이 시간엔 Leo와 은행 직원의 대화를 통해 "저 ~하는 걸 고려 중입니다. / 이건 누구의 ~죠? / 이건 ~거예요."라는 회화 패턴을 배워보도록 합시다.

오늘의 핵심 패턴 & 문법 포인트 🔑

- **I'm thinking of 동사 ing.**
  저 _____하는 걸 생각(고려) 중입니다.

- **Whose 명사 is this?**
  이건 누구의 _____인 거죠?

- **It's mine / yours / ours / theirs / his / hers.**
  이건 제 거/네 거/우리 거/그들 거/그의 것/그녀의 것입니다.

- **It would be 형용사 to 동사 .**
  _____하는 게 _____할 듯 합니다.

Leo

I'm thinking of apply**ing** for a loan.

저 대출을 신청할까 고려 중인데요.

 Banker

Please give me your ID card.

신분증을 좀 주시겠어요.

 Leo

Here you are.
Actually, I want to buy my own car.

여기요. 실은, 제 소유의 차를 장만하려고 하거든요.

 Banker

Whose ID card **is this** by the way?

그나저나 이건 누구 신분증인 거죠?

 Leo

It's mine. Why?

제 건데요. 왜요?

 Banker

Because it doesn't look like you.

고객님처럼 보이지가 않아서요.

 Leo

Haha. I gained a lot of weight. It's my own.

하하. 제가 살이 많이 쪘었거든요. 제 거 맞아요.

 Banker

I see… I'm going to take a look at your account history.
Sorry, sir, **it would be** difficult **to** offer you a loan.

알겠습니다… 고객님의 계좌기록을 좀 살펴보도록 할게요.
죄송합니다만, 고객님껜 대출해드리기 어려울 듯 합니다.

Vocabulary & Expressions 엿보기

apply for ~ ~을 신청하다   loan 대출   ID card(=Identification Card) 신분증
my own 나만의(내 소유의)   It doesn't look like ~ ~처럼 안 보이다   gain a weight 살찌다
take a look 살펴보다   account history 계좌기록

049 I'm thinking of 동사 ing.

buy a car 차를 사다   take this class 이 수업을 듣다   go to Europe 유럽에 가다

나 차를 살까 생각 중이야.

나 이 수업을 들을까 생각 중이야.

나 유럽에 갈까 생각 중이야.

▶ **I'm thinking of** buy**ing** a car.

▶ **I'm thinking of** tak**ing** this class.

▶ **I'm thinking of** go**ing** to Europe.

050 Whose 명사 is this?

book 책   jacket 재킷   cell phone 휴대폰

이거 누구 책이야?

이거 누구 재킷이야?

이거 누구 휴대폰이야?

▶ **Whose** book **is this**?

▶ **Whose** jacket **is this**?

▶ **Whose** cell phone **is this**?

051 It's mine / yours / ours / theirs / his / hers.

car 자동차   key 열쇠   ring 반지

이거 누구 차야? / 이거 내 거야.

이거 누구 열쇠야? / 이거 그녀 거야.

이거 누구 반지야? / 이거 네 거야.

▶ **Whose** car **is this**? / **It's** mine.

▶ **Whose** key **is this**? / **It's** hers.

▶ **Whose** ring **is this**? / **It's** yours.

052 It would be 형용사 to 동사 .

reach the goal 목표를 이루다   describe my feelings 나의 감정을 표현하다
have insurance 보험을 들다   just in case 만약의 경우에 대비해

그 목표를 이루는 건 어려울 것 같아.

▶ **It would be** difficult **to** reach that goal.

내 감정을 표현하기가 힘들 것 같아.

▶ **It would be** hard **to** describe my feelings.

만약의 경우에 대비해 보험을 드는 게 좋을 것 같아.

▶ **It would be** good **to** have insurance just in case.

 **riting!** 틈나는 시간을 활용해 문장을 써보는 연습도 해봅시다!

- 나 유럽에 갈까 생각 중이야.
  ✏ _____

- 나 이 수업을 들을까 생각 중이야.
  ✏ _____

- 나 차를 살까 생각 중이야.
  ✏ _____

- 이거 누구 책이야? / 이거 내 거야.
  ✏ _____

- 이거 누구 휴대폰이야? / 이거 그녀 거야.
  ✏ _____

- 이거 누구 차야? / 이거 걔(그) 거야.
  ✏ _____

- 이거 누구 반지야? / 이거 네 거야.
  ✏ _____

- 그 목표를 이루는 건 어려울 것 같아.
  ✏ _____

- 내 감정을 표현하기가 힘들 것 같아.
  ✏ _____

- 만약의 경우에 대비해 보험을 드는 게 좋을 것 같아.
  ✏ _____

Do It Yourself! 외국인과 스스로 대화를 나눠봅시다! 🎧 039

옆에 있는 QR코드를 휴대폰으로 스캔하게 되면, 외국인의 말이 음성으로 나오게 됩니다. 외국인의 말을 듣고 난 후, 배웠던 표현을 활용하여 외국인의 말에 맞장구를 쳐주면 됩니다. 자, 준비 되셨나요? 그럼 시작해봅시다. Let's go!

1. Where are you going for vacation? 너 휴가 때 어디 갈 거야?
2. Whose ID card is this? 이거 누구 신분증이야?
3. Our ultimate goal is to win the tournament! 우리의 최종 목표는 이번 대회에서 우승하는 거야!

UNIT 14

결혼? 난 아직 준비가…

간만에 여자친구 Crystal을 만난 Leo, 하지만 결혼할 때가 된 것 같다는 Crystal의 말에 Leo는 아직 준비가 안됐다는 말로 주춤해 버립니다. 제 지인 중에도 조건 좋은 여자와 결혼하고 싶다며, 그러기 위해선 본인의 스펙을 쌓아야 한다며 정말 열심히 공부하던 친구가 있었습니다. 취직도 스펙, 결혼도 스펙, 너무 슬픈 현실 아닐까 싶은데요. 여러분은 이런 저런 조건보단, 정말 "사랑"을 토대로 결혼을 택하시길 바래봅니다. 오늘 이 시간엔 Leo와 Crystal의 대화를 통해 "내 생각에 이제 ~할 때인 것 같아. / 나 너무 (기분이) ~해. / 너 그렇게 ~해?"와 같은 회화 패턴을 배워보도록 합시다.

오늘의 핵심 패턴 & 문법 포인트

- **I think it's time to** 동사 .

  내 생각에 이제 _____할 때인 것 같아.

- **I'm too** 형용사 .

  나 너무 (상태가/기분이) _____해.

- **Are you that** 형용사 ?

  너 그렇게 _____해?

- **I have** 명사 **I** 동사 .

  나 ___할 _____가 있어.

Leo

What are you thinking so hard about?

뭘 그리 열심히 생각하고 있어?

Crystal

Honey, **I think it's** pretty much **time
to** get married.

자기야, 내 생각에 이제 거의 결혼할 때인 것 같아.

Leo

What? No, I'm not ready yet. And, also,
I'm too busy.

뭐? 아니, 난 아직 준비가 안 됐어. 그리고, 또,
나 너무 바쁘기도 하구.

Crystal

Are you that busy? Stop making excuses.

자기 그렇게 바빠? 변명 좀 그만 해.

Leo

Honey, **I** still **have** many things **I** want to do.

자기야, 나, 하고 싶은 게 아직도 너무 많아.

Crystal

We can those things together.

우리가 그런 걸 같이 할 수 있잖아.

Leo

Honey, please give me some time to think.

자기야. 나한테 생각할 시간을 조금만 줘.

Crystal

How long do I have to wait?

내가 얼마나 더 오래 기다려야 해?

Vocabulary & Expressions 엿보기

think hard 열심히 생각하다 **pretty much** 거의 **I'm not ready** 난 준비가 안 됐어
make excuses 변명하다, 핑계 대다 **give me some time to** ~할 시간을 달라
How long ~? 얼마나 오래 ~? **have to ~** ~해야만 한다 **wait** 기다리다

Speaking! 패턴과 키워드를 활용해 한글을 영어로 바꿔 말해봅시다! 041

 I think it's time to 동사 **.**

leave 떠나다   go to bed 자러 가다   go there 거기로 가다

이제 떠날 때인 것 같아.　　　　　▶ **I think it's time to** leave.
이제 자러 가야 할 때인 것 같아.　▶ **I think it's time to** go to bed.
이제 거기로 가야 할 때인 것 같아.　▶ **I think it's time to** go there.

 I'm too 형용사 **.**

late 늦은   this weekend 이번 주말   sentimental 감상적인   these days 요즘

나 너무 늦었어.　　　　　　　　▶ **I'm too** late.
나 이번 주말에 너무 바빠.　　　　▶ **I'm too** busy this weekend.
나 요즘 지나치게 감상적이야.　　▶ **I'm too** sentimental these days.

 Are you that 형용사 **?**

busy 바쁜   glad 좋은   sure of ~ ~을 확신하는   yourself 너 자신

너 그렇게 바빠?　　　　　　　　▶ **Are you that** busy?
너 그렇게 좋아?　　　　　　　　▶ **Are you that** glad?
너 그렇게 너 자신에 대해 확신해?　▶ **Are you that** sure of yourself?

 I have 명사 **I** 동사 **.**

something (어떤) 것   need to ~ ~해야 한다   confess 고백하다
so many things 아주 많은 것들   share with ~ ~와 나누다

나 너한테 말하고 싶은 게 있어.
▶ **I have** something **I** want to tell you.

나 너한테 고백해야 될 게 있어.
▶ **I have** something **I** need to confess you.

나 너랑 나누고 싶은 것들이 아주 많아.
▶ **I have** so many things **I** want to share with you.

Writing!

틈나는 시간을 활용해 문장을 써보는 연습도 해봅시다!

- 이제 집에 가야 할 때인 것 같아.
  ✎ _____

- 이제 자러 가야 할 때인 것 같아.
  ✎ _____

- 이제 거기로 가야 할 때인 것 같아.
  ✎ _____

- 나 이번 주말에 너무 바빠.
  ✎ _____

- 나 요즘 지나치게 감상적이야.
  ✎ _____

- 나 너무 늦었어.
  ✎ _____

- 너 그렇게 바빠?
  ✎ _____

- 너 그렇게 너 자신에 대해 확신해?
  ✎ _____

- 나 너한테 말하고 싶은 게 있어.
  ✎ _____

- 나 너한테 고백해야 될 게 있어.
  ✎ _____

Do It Yourself! 외국인과 스스로 대화를 나눠봅시다! 042

옆에 있는 QR코드를 휴대폰으로 스캔하게 되면, 외국인의 말이 음성으로 나오게 됩니다. 외국인의 말을 듣고 난 후, 배웠던 표현을 활용하여 외국인의 말에 맞장구를 쳐주면 됩니다. 자, 준비 되셨나요? 그럼 시작해봅시다. Let's go!

1. It's already 11 o'clock. Time flies. 벌써 11시야. 시간 정말 빠르다.
2. You look really busy. 너 정말 바빠 보여.
3. Do you have anything to say? 너 뭐 할 말 있어?

15 아프면 죄인!

여자친구와의 문제 때문에 스트레스와 잔병이 겹쳐버린 Leo, 상사에게 몸이 아파 휴가를 낸다는 말을 꺼냈다 혼만 나고
맙니다. 회사를 다니다 보면 이렇게 몸이 아파도 휴가 한 번 제대로 쓰지 못하며 되려 상사의 눈치를 보는 일이 많이 생기
기 마련입니다. 여러분 역시 그러신 분들이 많을 걸로 예상되는데요. 부디 아프면 아프다고 당당히 말하며 일할 수 있는
그런 회사 문화가 정착되길 바래봅니다. 오늘 이 시간엔 몸이 아픈 Leo와 팀장의 대화를 통해 "저 ~한 증상이 있어요. /
저 ~에 통증이 있어요. / 저 ~한 하루를 보냈어요."와 같은 회화 패턴을 익혀보도록 하겠습니다.

🔑 오늘의 핵심 패턴 & 문법 포인트

- **I have 명사 (어떤 증상) .**

  저 _____한 증상이 있어요.

- **I have a pain in 명사 (어떤 신체부위) .**

  저 _____에 통증이 있어요.

- **I have 명사 (어떤 성격/특징) .**

  전 _____한 성격이에요.

- **I had a(an) 형용사 day .**

  저 _____한 하루를 보냈어요.

Leo

Sir, **I have** a stomachache and **have a pain in** my wrist, too.

팀장님, 저 복통이랑 손목 통증이 있어서요.

Team manager

Oh, really?

이런, 정말인가?

Leo

So, can I take a day off?

그래서 말인데, 하루 쉴 수 없을까요?

Team manager

Haha, I think **you have** a good sense of humor.
Get back to your work.

하하, 유머감각이 좋은 것 같군. 일이나 하러 돌아가게.

Leo

I'm serious, sir. I'm really sick now.

저 심각해요, 팀장님. 지금 정말 아파요.

Team manager

Don't try my patience, Leo.

내 인내심을 시험하지 말게나, Leo.

Leo

Frankly, **I had a** terrible **day** with my girlfriend yesterday. So I just can't focus today.

사실, 어제 여자친구와 너무 좋지 않은 하루를 보내서요.
그래서 오늘 정말이지 집중할 수가 없습니다.

Team manager

What? Are you kidding? Get away!

뭐? 자네 지금 장난하나? 저리 가게!

Vocabulary & Expressions 엿보기

stomachache 복통   **wrist** 손목   **take a day off** 하루 휴가를 내다, 하루 쉬다
a good sense of humor 뛰어난 유머감각   **try one's patience** ~의 인내심을 시험하다
terrible 정말 나쁜, 형편없는   **focus** 집중하다   **get away** 저리가, 비켜

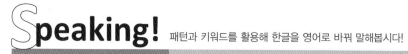 **S**peaking! 패턴과 키워드를 활용해 한글을 영어로 바꿔 말해봅시다! 🎧 044

 057 **I have** 명사 (어떤 증상).

> a stomachache 복통   a headache 두통   a toothache 치통

저 복통이 있어요.   ▶ **I have** a stomachache.
저 두통이 있어요.   ▶ **I have** a headache.
저 치통이 있어요.   ▶ **I have** a toothache.

 058 **I have a pain in** 명사 (어떤 신체부위).

> my chest 내 가슴   my knee 내 무릎   my shoulder 내 어깨

저 가슴에 통증이 있어요.   ▶ **I have a pain in** my chest.
저 무릎에 통증이 있어요.   ▶ **I have a pain in** my knee.
저 어깨에 통증이 있어요.   ▶ **I have a pain in** my shoulder.

 059 **I have** 명사 (어떤 성격/특징).

> a good sense of humor 좋은 유머 감각   a good personality 좋은 성격
> a poor sense of direction 좋지 않은 방향 감각

전 유머 감각이 좋아요.   ▶ **I have** a good sense of humor.
전 성격이 좋아요.   ▶ **I have** a good personality.
전 방향 감각이 꽝이에요.   ▶ **I have** a poor sense of direction.

 060 **I had a(an)** 형용사 **day.**

> wonderful 아주 멋진   awful 끔찍한   exciting 신나는

오늘 아주 멋진 하루를 보냈어.   ▶ **I had a** wonderful **day**.
오늘 끔찍한 하루를 보냈어.   ▶ **I had an** awful **day**.
오늘 신나는 하루를 보냈어.   ▶ **I had an** exciting **day**.

Writing! 틈나는 시간을 활용해 문장을 써보는 연습도 해봅시다!

- 저 복통이 있어요.
  ✎ _____

- 저 두통이 있어요.
  ✎ _____

- 저 치통이 있어요.
  ✎ _____

- 저 가슴에 통증이 있어요.
  ✎ _____

- 저 무릎에 통증이 있어요.
  ✎ _____

- 전 유머 감각이 좋아요.
  ✎ _____

- 전 성격이 좋아요.
  ✎ _____

- 전 방향 감각이 꽝이에요.
  ✎ _____

- 오늘 아주 멋진 하루를 보냈어.
  ✎ _____

- 오늘 끔찍한 하루를 보냈어.
  ✎ _____

Do It Yourself! 외국인과 스스로 대화를 나눠봅시다! 🎧 045

옆에 있는 QR코드를 휴대폰으로 스캔하게 되면, 외국인의 말이 음성으로 나오게 됩니다. 외국인의 말을 듣고 난 후, 배웠던 표현을 활용하여 외국인의 말에 맞장구를 쳐주면 됩니다. 자, 준비 되셨나요? 그럼 시작해봅시다. Let's go!

1. What are your symptoms? 증상이 어떻게 되시나요?
2. What are you like? 당신은 어떤 사람인가요?
3. How was your day today? 오늘 하루 어땠어?

16 직장 상사 뒷담화

팀장에게 된통 깨지고 탕비실에서 Craig와 대화를 나누는 Leo, 커피를 한 잔 마시며 상사 뒷담화에 여념이 없습니다. 하지만 여러분은 부정적인 상황을 투덜대기보단 이것을 긍정적으로 바꿔 생각해보면 어떨까요? 전세계 상위 1%의 공통점은 바로 "긍정의 힘"입니다. 예를 들어 엘리베이터를 놓친 경우, 대부분의 사람들은 놓쳤다며 짜증을 내지만 상위 1%의 사람들은 이를 생각을 정리할 시간으로 활용합니다. 이렇듯 긍정의 힘은 대단하다는 사실! 오늘 이 시간엔 Leo와 Craig의 대화를 통해 "~한 걸, 안 그래? / ~ 역시 그래. / 너 ~인 거 알지."와 같은 회화 패턴을 배워보도록 합시다.

오늘의 핵심 패턴 & 문법 포인트

- <u>긍정문</u> , **doesn't it?** ↗ / <u>부정문</u> , **does it?** ↗

  _____한 걸, 안 그래? / _____하지 않은 걸, 그렇지?

- **So do/dose/did** <u>주어</u> .

  _____ 역시 그래.
  (주어가 "3인칭 단수"일 때는 "does"를, 시제가 "과거"일 때는 "did"를 씁니다.)

- **You know** <u>명사 or 문장</u>.

  너 _____인 거 알지(알잖아).

- **I'd better** <u>동사</u> .

  나 _____하는 게 낫겠다.

Conversation! 🎧 046

 Leo

This coffee smells good, **doesn't it**? ↗

이 커피, 향이 정말 좋은 걸, 안 그래?

 Craig

Yeah, it does. But **so does** my coffee.

응, 그러네. 근데 내 커피도 향 좋다.

Leo

I like yours better.

난 네 커피가 더 좋은 걸.

 Craig

How's everything going by the way?

그나저나 요즘 잘 지내?

Leo

You know my manager. He always scolds me.
Gosh, I hate him.

너 우리 팀장 알잖아. 나 매일 혼내는 거.
으, 우리 팀장 정말 싫어.

 Craig

So does my manager.
There is nobody worse than her.

우리 팀장도 마찬가지인 걸.
그보다 더한 사람은 없을 거야.

 Leo

Oh, speak of the devil. She's coming over here.

호랑이도 제 말하면 온다더니, 팀장 이리로 오고 있다.

 Craig

I'd better get back to work now.

나 지금 다시 일하러 가는 게 낫겠다.

Vocabulary & Expressions 엿보기

smell ~ ~한 향(냄새)가 나다   How's everything going? 요즘 일은 어때? 요즘 잘 지내?
scold 혼내다   hate 싫어하다   there's nobody worse than ~ ~보다 더한 사람 없다
speak of the devil 호랑이도 제 말하면 온다   get back to ~ ~로 돌아가다

---

061 <u>긍정문</u> , **doesn't it?**↗ / <u>부정문</u> , **does it?**↗

> still work 아직도 잘 작동하다, 쓸만하다   seem odd 이상해 보이다
> doesn't really matter 별 문제 아니다

이거 아직 쓸만해, 안 그래?
이거 그냥 좀 이상해 보여, 안 그래?
이거 별 문제 아니잖아, 그렇지?

▶ It still works, **doesn't it?**
▶ It just seems odd, **doesn't it?**
▶ It doesn't really matter, **does it?**

---

062 **So do/dose/did** <u>주어</u> .

> like to ~ ~하는 걸 좋아하다   play soccer 축구를 하다   on Sundays 일요일마다
> went to ~ ~에 갔다   last night 어젯밤   live in ~ ~에 살다

그는 일요일마다 축구 하는 걸 좋아하는데, 나도 좋아해.
▶ He likes to play soccer on Sundays, and **so do I.**

그는 어젯밤 파티에 갔는데, 나도 갔어.
▶ He went to the party last night, and **so did I.**

그녀는 뉴욕에 사는데, 그녀 남동생도 거기 살아.
▶ She lives in New York, and **so does her brother.**

---

063 **You know** <u>명사 or 문장</u> .

> love you 널 사랑해   hate to ~ ~하는 걸 싫어하다   be alone 혼자 있다

내 동생 Jack 알지.
내가 너 정말 사랑하는 거 알지.
내가 혼자 있기 싫어하는 거 알지.

▶ **You know** my brother, Jack.
▶ **You know** I really love you.
▶ **You know** I hate to be alone.

---

064 **I'd better** <u>동사</u> .

> go now 지금 가다   stay home 집에 머물다   take a subway 지하철을 타다

나 지금 가는 게 낫겠어.
나 집에 있는 게 낫겠어.
나 지하철을 타는 게 낫겠어.

▶ **I'd better** go now.
▶ **I'd better** stay home.
▶ **I'd better** take a subway.

 **riting!** 틈나는 시간을 활용해 문장을 써보는 연습도 해봅시다!

■ 이거 아직 쓸만해, 안 그래?

✎ _____

■ 이거 그냥 좀 이상해 보여, 안 그래?

✎ _____

■ 이거 별 문제 아니잖아, 그렇지?

✎ _____

■ 그는 일요일마다 축구 하는 걸 좋아하는데, 나도 좋아해.

✎ _____

■ 그녀는 뉴욕에 사는데, 그녀 남동생도 거기 살아.

✎ _____

■ 내가 너 정말 사랑하는 거 알지.

✎ _____

■ 내가 혼자 있기 싫어하는 거 알지.

✎ _____

■ 나 지금 가는 게 낫겠어.

✎ _____

■ 나 집에 있는 게 낫겠어.

✎ _____

■ 나 지하철을 타는 게 낫겠어.

✎ _____

Do It Yourself! 외국인과 스스로 대화를 나눠봅시다! 🎧 048

옆에 있는 QR코드를 휴대폰으로 스캔하게 되면, 외국인의 말이 음성으로 나오게 됩니다. 외국인의 말을 듣고 난 후, 배웠던 표현을 활용하여 외국인의 말에 맞장구를 쳐주면 됩니다. 자, 준비 되셨나요? 그럼 시작해봅시다. Let's go!

1. Why don't you just throw it away? 그거 그냥 버리는 게 어때?
2. I like that part very much. How about you? 난 그 부분이 제일 좋아. 넌 어때?
3. The traffic is really bad. 차가 정말 너무 막히네.

Leo, 캐나다로 첫 출장 가다.

취직 이후 첫 출장을 가게 된 Leo, 공항 출입국 심사대에서 이제 막 캐나다로 발을 들이려는 순간입니다. 해외여행을 가게 되면 출입국 심사대에서 "여행의 목적이 무엇인가요? / 정확히 어디를 방문하시는 건가요? / 얼마나 오래 머무실 건가요?"와 같은 질문을 받게 되고, 그러한 질문에 정확히 답변을 해야 합니다. Leo뿐만 아니라 해외여행이 익숙지 않은 많은 분들이 이러한 순간이 긴장되지 않을까 싶은데요. 오늘 이 시간엔 Leo와 출입국 심사대 직원의 대화를 통해 "당신은 ~하고 있을 예정인가요? / 저는 ~하고 있을 겁니다."와 같은 회화 패턴을 배워보도록 하겠습니다.

오늘의 핵심 패턴 & 문법 포인트

- **Will you be __동사__ ing?**

  당신은 _____하고 있을 예정인가요?

- **__의문사__ will you be __동사__ ing?**

  무엇을/어디서/얼마나 오래 _____하고 있을 예정인가요?

- **I will(I'll) be __동사__ ing.**

  저는 _____하고 있을 겁니다.

- **I guess, I will __동사__ .**

  제 생각에, 저는 _____할 듯 합니다.

 **049**

QR코드를 스캔하면 아래
대화의 MP3가 재생됩니다!

Conversation!

What's the purpose of your trip?

여행 목적이 어떻게 되나요?

It's a business trip.

출장입니다.

Where will you be visit**ing** in Canada?

캐나다 어디를 방문하게 되시는 건가요?

I'll be visit**ing** Vancouver.

밴쿠버를 방문하게 될 겁니다.

How long will you be stay**ing**?

얼마나 오래 머무실 건가요?

Just a few days.

그냥 며칠 정도요.

What's the address of the hotel?

호텔 주소가 어떻게 되나요?

This is the address. **I guess, I'll** have a fantastic
time, since it's a five star hotel.

이게 주소예요. 제 생각에, 정말 멋진 시간을 보내게
될 것 같아요. 여기 5성급 호텔이거든요.

Vocabulary & Expressions 엿보기

the purpose of ~ ~의 목적   trip 여행   business trip 출장   visit 방문하다
How long ~? 얼마나 오래 ~?   stay 머물다   address 주소   a few days 며칠
have a fantastic time 멋진 시간을 보내다   since ~ ~이기 때문에

065 **Will you be 동사 ing?**

stay in ~ ~에 머물다   leave 떠나다   pick someone up ~을 데리러 가다

너 서울에 머물고 있을 거야? ▶ **Will you be** stay**ing** in Soeul?

너 오늘밤 떠나게 되는 거야? ▶ **Will you be** leav**ing** tonight?

너 우리 데리러 올 거야? ▶ **Will you be** pick**ing** us up?

 066 의문사 **will you be 동사 ing?**

do 하다   visit 방문하다   stay 머물다

너 뭐하고 있을 건데? ▶ **What will you be** do**ing**?

너 어디를 방문할 건데? ▶ **Where will you be** visit**ing**?

너 얼마나 오래 머물게 될 건데? ▶ **How long will you be** stay**ing**?

 067 **I will(I'll) be 동사 ing.**

wait for ~ ~을 기다리다   watch over ~ ~을 지켜보다   think about ~ ~을 생각하다

나 널 기다리고 있을 거야. ▶ **I will be** wait**ing** for you.

나 널 지켜보고 있을 거야. ▶ **I will be** watch**ing** over you.

나 널 생각하고 있을 거야. ▶ **I will be** think**ing** about you.

 068 **I guess, I will 동사 .**

next week 다음주   go to bed early 일찍 자러 가다   tonight 오늘밤
have to ~ ~을 해야만 한다   myself 내 스스로

내 생각에, 그를 다음주에 보게 될 것 같아.
▶ **I guess, I will** see him next week.

내 생각에, 오늘밤 일찍 자야 할 것 같아.
▶ **I guess, I will** have to go to bed early tonight.

내 생각에, 이걸 그냥 나 혼자 해야 할 것 같아.
▶ **I guess, I will** just have to do it myself.

 **riting!** 틈나는 시간을 활용해 문장을 써보는 연습도 해봅시다!

■ 너 얼마나 오래 머물게 될 건데?

✎ _____

■ 너 어디를 방문할 건데?

✎ _____

■ 너 뭐하고 있을 건데?

✎ _____

■ 나 널 기다리고 있을 거야.

✎ _____

■ 나 널 생각하고 있을 거야.

✎ _____

■ 너 오늘밤 떠나게 되는 거야?

✎ _____

■ 너 우리 데리러 올 거야?

✎ _____

■ 너 서울에 머물고 있을 거야?

✎ _____

■ 내 생각에, 그를 다음주에 보게 될 것 같아.

✎ _____

■ 내 생각에 오늘밤 일찍 자야 할 것 같아.

✎ _____

Do It Yourself!   외국인과 스스로 대화를 나눠봅시다! 🎧 **051**

옆에 있는 QR코드를 휴대폰으로 스캔하게 되면, 외국인의 말이 음성으로 나오게 됩니다. 외국인의 말을
듣고 난 후, 배웠던 표현을 활용하여 외국인의 말에 맞장구를 쳐주면 됩니다. 자, 준비 되셨나요?
그럼 시작해봅시다. Let's go!

1. I will be visiting Canada next week. 난 다음주에 캐나다를 방문할 거야.
2. I hope I will see you again soon. 널 곧 다시 볼 수 있게 되길 바래.
3. When are you going to meet him? 너 그를 언제 만날 건데?

UNIT

18 밴쿠버에서의 첫 계약

Leo가 밴쿠버의 거래처 사람인 Henry와 가벼운 안부인사를 주고 받은 뒤 계약에 대한 이야기를 나누고 있습니다. 여담을 얘기하자면, 밴쿠버는 정말 아름다운 도시입니다. 하지만 가끔 Robson Street와 같이 한국 음식점, 주점들이 많은 곳에서 늦은 밤 고성방가로 경찰에게 끌려가는 한국인들이 있습니다. 만약 그런 분들을 보신다면 "Don't give Koreans a bad name.(한국인 망신시키지 마세요.)"라고 해주시길! 오늘 이 시간엔 Leo와 Henry의 대화를 통해 "~는 잘 돼가고 있나요? / ~에 대해 얘기했으면 합니다. / ~할 수 있을 것 같네요."와 같은 회화 패턴을 배워보도록 하겠습니다.

오늘의 핵심 패턴 & 문법 포인트

- **How's 명사 going?**

  _____는 잘 돼가고 있나요?

- **I 동사 . ▶ You do? / I 과거동사 . ▶ You did?**

  저 ____해요. ▶ 그런가요? / 저 ____했어요. ▶ 그랬나요?

- **I'd like to talk about 명사 .**

  ____에 대해 이야기했으면 합니다.

- **사람 might be able to 동사 .**

  ____가 ____할 수 있을 것 같은데요.

Henry

How's your business trip **going** out here in Vancouver?

여기 밴쿠버에서의 출장은 잘 진행되고 있나요?

 Leo

So far, so good. I think, it's a fabulous city.

현재까진 좋습니다. 제 생각에 여긴 멋진 도시 같아요.

 Henry

You do? So do I. It's a beautiful city.

그런가요? 저도 그래요. 여긴 아름다운 도시죠.

 Leo

Yeah, **I'd like to talk about** the contract
by the way. Well, it's quite complicated.

네, 아무튼 계약에 관해 이야기했으면 합니다.
음, 이게 꽤 복잡하네요.

 Henry

Don't worry. I used to work at a law firm.

걱정 마세요. 저 법률회사에서 근무했었거든요.

 Leo

You did? Then you **might be able to**
understand this pretty well.

그러셨어요? 그럼 이걸 꽤 잘 이해할 수
있으실 것 같은데요.

 Henry

Of course.

물론이죠.

 Leo

Well, please take a look at this.

그럼, 이걸 좀 살펴봐주시겠어요.

Vocabulary & Expressions 엿보기

business trip 출장 **so far** 지금까지 **fabulous** 멋진 **beautiful** 아름다운
talk about ~ ~에 대해 이야기하다 **contract** 계약(서) **complicated** 복잡한 **a law firm** 법률회사
pretty well 꽤나 잘 **take a look at ~** ~을 살펴보다

069 How's _명사_ going?

everything 모든 것   your work 당신이 하는 일   the project 프로젝트

모든 게 잘 돌아가고 있나요? ▶ **How's** everything **going**?
하시는 일은 잘 되고 있나요? ▶ **How's** your work **going**?
프로젝트는 잘 진행되고 있나요? ▶ **How's** the project **going**?

070 I _동사_ . ▶ You do? / I _과거동사_ . ▶ You did?

love 매우 좋아하다   this place 이 장소(곳)   taste good 맛이 좋다
fail ~ ~을 실패하다   my driver's test 나의 운전면허 시험

나 이 곳이 너무 좋아. / 그래? ▶ I really love this place. / **You do**?
이거 맛이 좋은 것 같아. / 그래? ▶ I think it tastes good. / **You do**?
나 면허시험에 떨어졌어. / 그랬어? ▶ I failed my driver's test. / **You did**?

071 I'd like to talk about _명사_ .

business 사업   our future 우리의 미래   my dad 나의 아버지, 우리 아빠

사업에 관해 얘기했으면 합니다. ▶ **I'd like to talk about** business.
우리 미래에 대해 얘길 했으면 해. ▶ **I'd like to talk about** our future.
우리 아빠에 대해 얘길 하고 싶어. ▶ **I'd like to talk about** my dad.

072 _사람_ might be able to _동사_ .

pass a job interview 면접에 통과하다, 합격하다   help someone out ~을 돕다
figure something out ~을 해결하다

나 면접에 통과할 수 있을지도 몰라.
▶ I **might be able to** pass a job interview.

그가 널 도울 수 있을지도 몰라.
▶ He **might be able to** help you out.

그녀가 아마 그걸 해결할 수 있을지도 몰라.
▶ She **might be able to** figure it out.

 **riting!** 틈나는 시간을 활용해 문장을 써보는 연습도 해봅시다!

■ 모든 게 잘 돌아가고 있나요?

✎ _____

■ 하시는 일은 잘 되고 있나요?

✎ _____

■ 프로젝트는 잘 진행되고 있나요?

✎ _____

■ 이거 맛이 좋은 것 같아. / 그래?

✎ _____

■ 나 면허시험에 떨어졌어. / 그랬어?

✎ _____

■ 사업에 관해 얘기했으면 합니다.

✎ _____

■ 우리 아빠에 대해 얘길 하고 싶어.

✎ _____

■ 나 면접에 통과할 수 있을지도 몰라.

✎ _____

■ 그가 널 도울 수 있을지도 몰라.

✎ _____

■ 그녀가 아마 그걸 해결할 수 있을지도 몰라.

✎ _____

Do It Yourself! 외국인과 스스로 대화를 나눠봅시다! 🎧 054

옆에 있는 QR코드를 휴대폰으로 스캔하게 되면, 외국인의 말이 음성으로 나오게 됩니다. 외국인의 말을 듣고 난 후, 배웠던 표현을 활용하여 외국인의 말에 맞장구를 쳐주면 됩니다. 자, 준비 되셨나요? 그럼 시작해봅시다. Let's go!

1. Hi, long time no see. 안녕, 오랜만이야.
2. I lost my cell phone in the subway. 나 지하철에서 휴대폰 잃어버렸어.
3. I can't figure this out. 나 이걸 어떻게 해야 할지 모르겠어.

19

과로 = 스트레스 = 병

출장을 다녀온 후 여독이 제대로 풀리지 않아서인지 몸에 탈이 난 Leo. 지끈지끈한 머리를 붙잡고 두통에 필요한 약을 처방 받으러 약국으로 향합니다. 이렇듯 우리는 행복하기 위해 일을 하는데, 결국 일 때문에 행복하지 못한 아이러니한 상황을 많이 겪게 되곤 합니다. 여러분들 역시 Leo처럼 주객이 전도되지 않도록, 건강에 신경 쓰며 일이 인생을 장악하지 않도록 주의하시길! 오늘 이 시간엔 Leo와 약사와의 대화를 통해 "당신 ~를 갖고 있나요? / 당신 ~를 갖고 있지 않나요? / 당신 ~해 보여요."와 같은, "have / look" 동사를 중심으로 한 회화 패턴을 배워보도록 하겠습니다.

오늘의 핵심 패턴 & 문법 포인트

- **Do you have 명사 ?**

  당신 _____를 갖고 있나요?

- **Don't you have 명사 ?**

  당신 _____를 갖고 있지 않나요?

- **You look 형용사 .**

  당신 _____해 보여요.

- **Maybe it's because of 명사 / because 문장 .**

  아마도 _____ 때문 / _____하기 때문일 거예요.

Do you have anything for a headache?

두통에 드는 것 좀 뭐 없나요?

You look pale.
Don't you have a stomachache, too?

손님 창백해 보이세요. 복통도 있진 않으세요?

No, just a headache.
I took some pills already last week.

아뇨, 그냥 두통이에요. 지난주에 이미 약을 먹었어요.

Didn't they work?

약이 듣질 않던가요?

No, they didn't.

아뇨, 안 들었어요.

Maybe it's because of your stress.
I'll give you more pills.

아마 스트레스 때문일 거예요. 약을 좀 더 드릴게요.

You're right. Don't I need a prescription?

맞아요. 처방전은 필요 없나요?

No, it's an over-the-counter drug.

아뇨, 이건 일반 의약품이에요.

Vocabulary & Expressions 엿보기

headache 두통 **pale** 창백한 **stomachache** 복통 **take pills** 약을 복용하다
work 일하다, (어떤 것들이) 효능을 발휘하다 **stress** 스트레스 **prescription** 처방전
over-the-counter drug 처방전이 필요 없는 약, 일반 의약품

Speaking!

패턴과 키워드를 활용해 한글을 영어로 바꿔 말해봅시다! 056

 073 **Do you have** 명사 ?

good ideas 좋은 생각   time for coffee 커피 마실 시간   plans 계획

너 무슨 좋은 생각이라도 있어? ▶ **Do you have** any good ideas?

너 커피 마실 시간 있어? ▶ **Do you have** time for coffee?

너 오늘밤 무슨 계획이라도 있어? ▶ **Do you have** any plans tonight?

074 **Don't you have** 명사 ?

a spare key 보조키   a larger one 더 큰 것   anything to say 무슨 할 말

너 보조키 없어? ▶ **Don't you have** a spare key?

좀 더 큰 건 없나요? ▶ **Don't you have** a larger one?

당신 무슨 할 말 없어요? ▶ **Don't you have** anything to say?

 075 **You look** 형용사 .

really tired 매우 피곤한   younger than one's age ~의 나이보다 어린
great 좋은, 멋진   in that new dress 그 새 옷을 입으니

너 정말 피곤해 보여. ▶ **You look** really tired.

당신 나이보다 더 어려 보이는군요. ▶ **You look** younger than your age.

너 그 새 옷 입으니 멋져 보인다. ▶ **You look** great in that new dress.

 076 **Maybe it's because of** 명사 / **because** 문장 .

have insomnia 불면증이 있다   slept late 늦게 잤다   last night 어젯밤
tired 피곤한   upset 우울한   get promoted 승진하다

나 불면증이 있는데, 아마도 스트레스 때문인 것 같아.
▶ I have insomnia, **maybe it's because of** my stress.

너 피곤해 보여, 아마도 네가 어젯밤 늦게 자서 그런 것 같아.
▶ You look tired, **maybe it's because** you slept late last night.

그가 우울해 보여, 아마도 승진하지 못했기 때문인 것 같아.
▶ He looks upset, **maybe it's because** he didn't get promoted.

 **riting!** 틈나는 시간을 활용해 문장을 써보는 연습도 해봅시다!

- 너 무슨 좋은 생각이라도 있어?

  🖉 _____

- 너 커피 마실 시간 있어?

  🖉 _____

- 너 오늘밤 무슨 계획이라도 있어?

  🖉 _____

- 너 보조키 없어?

  🖉 _____

- 좀 더 큰 건 없나요?

  🖉 _____

- 너 정말 피곤해 보여.

  🖉 _____

- 당신 나이보다 더 어려 보이는군요.

  🖉 _____

- 너 그 새 옷 입으니 멋져 보인다.

  🖉 _____

- 나 불면증이 있는데, 아마도 스트레스 때문인 것 같아.

  🖉 _____

- 그가 우울해 보여, 아마도 승진하지 못했기 때문인 것 같아.

  🖉 _____

Do It Yourself! 외국인과 스스로 대화를 나눠봅시다! 057

옆에 있는 QR코드를 휴대폰으로 스캔하게 되면, 외국인의 말이 음성으로 나오게 됩니다. 외국인의 말을 듣고 난 후, 배웠던 표현을 활용하여 외국인의 말에 맞장구를 쳐주면 됩니다. 자, 준비 되셨나요? 그럼 시작해봅시다. Let's go!

1. Now I know how to deal with it. 이제 이걸 어떻게 해야 될지 알겠어.
2. I think I've lost my key. 나 열쇠 잃어버린 것 같아.
3. Why does he look so upset? 그가 왜 이리 우울해 보이지?

UNIT
20 직장 여직원과의 썸

아픈 몸 때문에 힘든 Leo와, 일 때문에 스트레스를 받는 여직원 Sally. 이 두 사람이 서로를 따뜻하게 챙겨주는 와중 미묘한 감정이 오고 갑니다. 이것이 바로 남들이 말하는 회사에서의 "썸"이라고 할 수 있는 걸까요? 그나저나 Leo는 여자친구가 있는데… 여러분은 이럴 경우 어떨 것 같나요? 일 하느라 여자친구는 잘 못 보는데, 직장에서 항상 마주치는 여직원이 이렇듯 친근하게 다가온다면? 오늘 이 시간엔 Leo와 여직원 Sally의 대화를 통해 "당신은 ~할 만큼 충분히 ~해요. / 저는 ~하기에 너무 ~해요. / 당신 정말 ~하군요."와 같은 회화 패턴을 배워보도록 하겠습니다.

오늘의 핵심 패턴 & 문법 포인트

- **You're _형용사_ enough to _동사_ .**

  당신은 ____할 만큼 충분히 ____해요.

- **I'm too _형용사_ to _동사_ .**

  저는 ____하기에 너무 ____해요.

- **_명사_ is(are) too _형용사_ .**

  ____는 너무 ____해요.

- **How _형용사_ of you.**

  당신 정말 ____하군요.

Leo

How's everything going in the new department?

새로운 부서에서는 잘 돼가요?

 Sally

I guess, **I'm too** stupid **to** work in this department.

제 생각에 전 이 부서에서 일하기엔 너무 부족한 거 같아요.

 Leo

No, **you're** smart **enough to** survive.
Don't worry.

아녜요. 당신은 살아남기에 충분히 똑똑한 걸요.
걱정하지 말아요.

 Sally

You look pale, by the way. Are you ok?

그나저나, 당신 창백해 보여요. 괜찮아요?

 Leo

No, **I'm too** sick **to** work today.

아뇨. 저 오늘 일하기에 너무 아프네요.

 Sally

Give me your hands. Your hands **are too** cold.

손 좀 줘봐요. 당신 손이 너무 차잖아요.

 Leo

Oh, Sally, **how** considerate **of you**.

Sally씨, 정말 친절하시네요.

 Sally

You know what, Leo? You're too cute.

그거 알아요, Leo씨? 당신 너무 귀여운 거.

Vocabulary & Expressions 엿보기

department 부서 **stupid** 멍청한, 바보인 **smart** 똑똑한 **pale** 창백한 **sick** 아픈 **hand** 손
cold 차가운 **considerate** 배려 깊은, 친절한 **cute** 귀여운

077 **You're** 형용사 **enough to** 동사 **.**

> cute 귀여운　get a boyfriend 남자친구를 사귀다　slim 날씬한
> fin into ~ ~에 딱 맞다　jeans 청바지　solve this problem 이 문제를 해결하다

년 남자친구가 생길 만큼 충분히 귀여워.
> ▶ **You're** cute **enough to** get a boyfriend.

년 이 청바지가 딱 맞을 만큼 충분히 날씬해.
> ▶ **You're** slim **enough to** fit into these jeans.

년 이 문제를 해결할 만큼 충분히 똑똑해.
> ▶ **You're** smart **enough to** solve this problem.

 078 **I'm too** 형용사 **to** 동사 **.**

> busy 바쁜　call you 너에게 전화하다　young 어린　drink 술을 마시다
> lazy 게으른　wake up early 일찍 일어나다

나 너한테 전화하기엔 너무 바빠.	▶ **I'm too** busy **to** call you.
나 술을 마시기엔 너무 어려.	▶ **I'm too** young **to** drink.
나 일찍 일어나기엔 너무 게을러.	▶ **I'm too** lazy **to** wake up early.

 079 동사 **is(are) too** 형용사 **.**

> spicy 매운　difficult 어려운　(the) children (저) 아이들　noisy 시끄러운

이 음식은 너무 매운 걸.	▶ This food **is too** spicy.
이 책 너무 어려운 걸.	▶ This book **is too** difficult.
저 애들 너무 시끄러운 걸.	▶ The children **are too** noisy.

080 **How** 형용사 **of you.**

> kind 친절한　considerate 배려 깊은　sweet (성격을 말할 땐) 자상한

정말 친절하시네요.	▶ **How** kind **of you**.
정말 배려심이 깊으시네요.	▶ **How** considerate **of you**.
정말 자상하시네요.	▶ **How** sweet **of you**.

- 넌 이 청바지가 딱 맞을 만큼 충분히 날씬해.

  _____

- 넌 남자친구가 생길 만큼 충분히 귀여워.

  _____

- 넌 이 문제를 해결할 만큼 충분히 똑똑해.

  _____

- 이 음식은 너무 매운 걸.

  _____

- 저 애들 너무 시끄러운 걸.

  _____

- 나 너한테 전화하기엔 너무 바빠.

  _____

- 나 일찍 일어나기엔 너무 게을러.

  _____

- 나 술을 마시기엔 너무 어려.

  _____

- 정말 친절하시네요.

  _____

- 정말 자상하시네요.

  _____

Do It Yourself! 외국인과 스스로 대화를 나눠봅시다! 🎧 060

옆에 있는 QR코드를 휴대폰으로 스캔하게 되면, 외국인의 말이 음성으로 나오게 됩니다. 외국인의 말을
듣고 난 후, 배웠던 표현을 활용하여 외국인의 말에 맞장구를 쳐주면 됩니다. 자, 준비 되셨나요?
그럼 시작해봅시다. Let's go!

1. I think I'm too fat to wear these jeans. 난 이 청바지 입기엔 너무 뚱뚱한 것 같아.
2. How do you like your soup? 네 수프 맛은 어때?
3. Don't' worry. I'll help you. 걱정 마세요. 제가 도와 드릴게요.

Review & Practice!

앞서 배운 회화 패턴을 복습한 뒤 연습 문제를 풀어봅시다!

041 I'm kind of 형용사. 제가 좀 _____합니다(한 편입니다).

042 (핀잔) What kind of 명사 is that? 무슨 그런 _____가 다 있죠?

043 (단순질문) What kind of 명사 is this? 이건 어떤 종류의 _____인가요?

044 It's my first time to 동사. 저 _____해보는 게 처음입니다.

045 I have no idea what to 동사. 나 뭘 _____해야 할지 도통 모르겠어.

046 Between 명사A and 명사B, which one do you prefer?
A랑 B 중, 넌 뭐가 더 좋아(나아)?

047 I prefer 명사A to 명사B. 난 B보다는 A가 더 좋아(나아).

048 I prefer to 동사A rather than to 동사B. 난 B하는 것보다 A하는 게 더 좋아.

049 I'm thinking of 동사-ing. 저 _____하는 걸 생각(고려) 중입니다.

050 Whose 명사 is this? 이건 누구의 _____인 거죠?

1. 나 지금 당장 좀 바빠. •	• a. I'm thinking of buying a car.
2. 무슨 그런 사람이 다 있어? •	• b. Whose cell phone is this?
3. 이거 어떤 종류의 게임이야? •	• c. What kind of game is this?
4. 나 여길 방문한 건 처음이야. •	• d. I'm kind of busy right now.
5. 나 뭘 해야 할지 모르겠어. •	• e. I have no idea what to do.
6. 난 커피보단 녹차가 더 좋아. •	• f. What kind of person is that?
7. 나 차를 살까 생각 중이야. •	• g. It's my first time to visit here.
8. 이거 누구 휴대폰이야? •	• h. I prefer green tea to coffee.

정답: 1/d, 2/f, 3/c, 4/g, 5/e, 6/h, 7/a, 8/b

051 It's mine / yours / ours / theirs / his / hers.
이건 제 거/네 거/우리 거/그들 거/그의 것/그녀의 것입니다.

052 It would be 형용사 to 동사. _____하는 게 _____할 듯합니다.

053 I think it's time to 동사. 내 생각에 이제 _____할 때인 것 같아.

054 I'm too 형용사. 나 너무 (상태가/기분이) _____해.

055 Are you that 형용사? 너 그렇게 _____해?

056 I have 명사 I 동사. 나 _____할 _____가 있어.

057 I have 명사(어떤 증상). 저 _____한 증상이 있어요.

058 I have a pain in 명사(어떤 신체부위). 저 _____에 통증이 있어요.

059 I have 명사(어떤 성격/특징). 저 _____한 성격이에요.

060 I had a(an) 형용사 day. 저 _____한 하루를 보냈어요.

---

1. 이거 내 거야.   •

2. 이제 집에 갈 때인 것 같아. •

3. 나 이번 주말에 너무 바빠. •

4. 너 그렇게 바빠?   •

5. 저 복통이 있어요.   •

6. 저 어깨에 통증이 있어요. •

7. 전 성격이 좋아요.   •

8. 오늘 신나는 하루를 보냈어. •

  •   a. Are you that busy?

  •   b. I have a stomachache.

  •   c. I have a good personality.

  •   d. I have a pain in my shoulder.

  •   e. It's mine.

  •   f. I'm too busy this weekend.

  •   g. I had an exciting day.

  •   h. I think it's time to go home.

정답: 1/e, 2/h, 3/f, 4/a, 5/b, 6/d, 7/c, 8/g

061 긍정문, **doesn't it?** / 부정문, **does it?**
_____한 걸, 안 그래? / _____하지 않은 걸, 그렇지?

062 So do/does/did 주어. ____ 역시 그래.

063 You know 명사/문장. 너 _____인 거 알지(알잖아).

064 I'd better 동사. 나 ____하는 게 낫겠다.

065 Will you be 동사–ing? 당신은 _____하고 있을 예정인가요?

066 의문사 **will be** 동사–ing? 언제/어디서/얼마나 오래 ____하고 있을 건가요?

067 I'll be 동사–ing. 저는 ____하고 있을 겁니다.

068 I guess, **I will** 동사. 제 생각에, 저는 ____할 듯합니다.

069 How's 명사 **going?** ____는 잘 돼가고 있나요?

070 I 동사. ▶ **You do?** / **I** 과거동사. ▶ **You did?**
저 _____해요. ▶그런가요? / 저 _____했어요. ▶ 그랬나요?

---

1. 이거 아직 쓸만해, 안 그래? •

2. 너 내 동생 Jack 알지. •

3. 나 지하철을 타는 게 낫겠어. •

4. 너 서울에 머물고 있을 거야? •

5. 너 어디를 방문할 건데? •

6. 나 널 기다리고 있을 거야. •

7. 모든 게 잘 돌아가고 있나요? •

8. 이거 맛이 좋은 듯해. / 그래? •

• a. You know my brother, Jack.

• b. Will you be staying in Seoul?

• c. I will be waiting for you.

• d. How's everything going?

• e. It still works, doesn't it?

• f. I think it tastes good. / You do?

• g. I'd better take a subway.

• h. Where will you be visiting?

정답: 1/e, 2/a, 3/g, 4/b, 5/h, 6/c, 7/d, 8/f

071 **I'd like to talk about** 명사. _____에 대해 이야기했으면 합니다.

072 사람 **might be able to** 동사. ___가 ___할 수 있을 것 같아요.

073 **Do you have** 명사? 당신 ___를 갖고 있나요?

074 **Don't you have** 명사? 당신 ___를 갖고 있지 않나요?

075 **You look** 형용사. 당신 ___해 보여요.

076 **Maybe it's because of** 명사 / **because** 문장.
아마도 _____때문 / _____하기 때문일 거예요.

077 **You're** 형용사 **enough to** 동사. 당신은 ___할 만큼 충분히 ___해요.

078 **I'm too** 형용사 **to** 동사. 저는 _____하기에 너무 ___해요.

079 명사 **is(are) too** 형용사. _____는 너무 _____해요.

080 **How** 형용사 **of you**. 당신 정말 _____하군요.

1. 사업에 대해 얘기했으면 해요. •	• a. Don't you have a spare key?
2. 그가 널 도울 수 있을지 몰라. •	• b. You look great in that new dress.
3. 너 무슨 좋은 생각 있어? •	• c. I'm too busy to call you.
4. 너 보조키 없어? •	• d. The children are too noisy.
5. 너 그 새 옷 입으니 멋져 보여. •	• e. I'd like to talk about business.
6. 나 네게 전화하기엔 너무 바빠. •	• f. How kind of you.
7. 저 애들 너무 시끄러운 걸. •	• g. He might be able to help you.
8. 정말 친절하시네요. •	• h. Do you have any good ideas?

정답: 1/e, 2/g, 3/h, 4/a, 5/b, 6/c, 7/d, 8/f

Chapter 3

이야기로 배우는 하루 10분 영어회화, 그 세 번째

야근, 삐걱대는 애정전선, 그리고 사직서

UNIT
21
전화할 시간도 없이 그렇게 바빠?

"Out of sight, out of mind.(눈에서 멀어지면, 마음에서도 멀어진다)"라고 하지요. Leo는 회사 업무 때문에 눈코 뜰새 없이 바쁘고, 여자친구 Crystal은 그런 바쁜 남자친구 Leo의 얼굴이라도 보고자 회사 앞까지 찾아왔지만 바쁘다는 이유로 바람을 맞고 맙니다. 위태로워 보이는 두 사람의 관계, 과연 이 둘은 어떻게 될까요? 한국의 많은 젊은이들도 일에 치여, 삶에 치여, 연인과 멀어져 결국 헤어짐까지 가는 분들이 많지 않을까 싶습니다. 오늘 이 시간엔 Leo와 Crystal의 대화를 통해 "나 ~해야 돼. / 나 ~하기 위해 ~해야 돼. / 나 ~할 ~가 있어."라는 회화 패턴을 배워보도록 하겠습니다.

오늘의 핵심 패턴 & 문법 포인트

- **I want to ＿＿동사A＿＿ to ＿＿동사B＿＿.**

  나 _(동사B)_ 하기 위해 _(동사A)_ 하고 싶어.

- **I have to ＿＿동사＿＿.**

  나 ＿＿＿＿해야만 해.

- **I have to ＿＿동사A＿＿ to ＿＿동사B＿＿.**

  나 _(동사B)_ 하려면 _(동사A)_ 해야만 해.

- **I have ＿＿명사＿＿ to ＿＿동사＿＿.**

  나 _(동사)_ 할 _(명사)_ 가 있어.

Conversation! 061

QR코드를 스캔하면 아래 대화의 MP3가 재생됩니다!

Hello, it's me, Crystal.

안녕, 나야, Crystal.

Oh, honey. I'm busy. Please make it quick.

어, 자기야. 나 바빠. 간단히 말해.

Ok. **I want to** go to a department store with you **to** buy your gift.

알았어. 나 자기 선물 사러 자기랑 백화점에 갔으면 해.

Really? Why bother?

정말? 뭐 하러?

What? It's your birthday. Honey, I guess you're too busy.

뭐? 자기 생일이잖아. 자기, 너무 바쁜 거 같아.

It is? I didn't know. Thank you, Crystal. But **I have to** go to the personnel department **to** deal with something.

그래? 나 몰랐어. 고마워 Crystal. 그런데 나 뭣 좀 하러 인사과에 가봐야 하거든.

Wait, wait, Leo. Actually, I'm already in front of your workplace.

잠깐, 잠깐, Leo. 사실, 나 이미 자기 회사 앞이야.

Honey, I'm terribly sorry. **I have** too many things **to** do.

자기야, 정말 미안해. 나 할 일이 너무 많아.

Vocabulary & Expressions 엿보기

make it quick 간단히 해, 간단히 말해 **department store** 백화점 **gift** 선물
why bother 왜? 뭐 하러? **personnel department** 인사과 **deal with** ~ ~을 처리하다
wait 기다려, 잠깐 **already** 이미 **in front of** ~ ~의 앞에 **workplace** 직장

야근, 삐걱대는 애정전선, 그리고 사직서 • **111**

Speaking! 패턴과 키워드를 활용해 한글을 영어로 바꿔 말해봅시다!  062

 I want to 동사A to 동사B .

learn English 영어를 공부하다　make foreign friends 외국인 친구를 만들다
go to ~ ~로 가다　study ~ ~을 공부하다　fashion design 패션 디자인

나 외국인 친구 사귀기 위해 영어를 배우고 싶어.
▶ **I want to** learn English **to** make foreign friends.

나 패션 디자인을 공부하러 이태리에 가고 싶어.
▶ **I want to** go to Italy **to** study fashion design.

 I have to 동사 .

go now 지금 가다　finish something by tomorrow 내일까지 ~을 끝내다
work overtime 야근하다, 초과 근무하다　tonight 오늘밤

저 지금 가봐야 돼요.　　　　　　　▶ **I have to** go now.
저 내일까지 이걸 끝내야만 해요.　　▶ **I have to** finish it by tomorrow.
저 오늘밤 야근해야만 해요.　　　　▶ **I have to** work overtime tonight.

 I have to 동사A to 동사B .

stay up all night 밤을 새다　finish my homework 숙제를 끝내다
leave my house at ~ ~시에 집을 나서다　get to ~ ~에 도착하다　in time 정시에

나 숙제를 끝내려면 밤을 새워야만 해.
▶ **I have to** stay up all night **to** finish my homework.

난 사무실에 정시에 도착하려면 6시에 집을 나서야 돼.
▶ **I have to** leave my house at 6 **to** get to the office in time.

 I have 명사 to 동사 .

something 무언가　so many things 아주 많은 것들　some time (약간의) 시간

나 너한테 할 얘기가 있어.　　　　▶ **I have** something **to** tell you.
나 해야 할 일이 너무 많아.　　　　▶ **I have** so many things **to** do.
나 너를 도와줄 시간이 좀 있어.　　▶ **I have** some time **to** help you.

 **riting!** 틈나는 시간을 활용해 문장을 써보는 연습도 해봅시다!

- 나 외국인 친구 사귀기 위해 영어를 배우고 싶어.

  🖉 _____

- 나 패션 디자인을 공부하러 이태리에 가고 싶어.

  🖉 _____

- 저 오늘밤 야근해야만 해요.

  🖉 _____

- 저 내일까지 이걸 끝내야만 해요.

  🖉 _____

- 저 지금 가봐야 돼요.

  🖉 _____

- 난 사무실에 정시에 도착하려면 6시에 집에서 나서야 돼.

  🖉 _____

- 나 숙제를 끝내려면 밤을 새워야만 해.

  🖉 _____

- 나 너한테 할 얘기가 있어.

  🖉 _____

- 나 해야 할 일이 너무 많아.

  🖉 _____

- 나 너를 도와줄 시간이 없어.

  🖉 _____

Do It Yourself!   외국인과 스스로 대화를 나눠봅시다! 🎧 063

옆에 있는 QR코드를 휴대폰으로 스캔하게 되면, 외국인의 말이 음성으로 나오게 됩니다. 외국인의 말을 듣고 난 후, 배웠던 표현을 활용하여 외국인의 말에 맞장구를 쳐주면 됩니다. 자, 준비 되셨나요? 그럼 시작해봅시다. Let's go!

1. Why do you want to learn English? 넌 왜 영어를 배우고 싶어?
2. Do you have any plans tonight? 너 오늘밤 무슨 계획 있어?
3. When do you leave for work? 너는 언제 출근하러 나가?

UNIT 22 여자친구와의 화해

Leo와 Crystal, 일 때문에 서로 멀어져 관계가 삐걱대는 듯 했지만, Leo는 서운해하는 Crystal을 달래기 위해 장장 일주일의 휴가를 내어 그녀와 여행을 떠나기로 결심합니다. 이에 너무 행복해하는 Crystal과 그런 그녀를 보며 흐뭇해하는 Leo. 이 둘은 과연 즐거운 여행을 떠날 수 있을까요? 부디 이 둘이 여행을 가서 사소한 말다툼으로 다시 돌아오는 일만 안 생기길 바랄 뿐입니다. 오늘 이 시간엔 Leo와 Crystal의 대화를 통해 "나 ~하지 않을 수가 없어(없었어). / 나 ~하게 돼서 ~해. / 나 ~한 걸 듣게 돼서 ~해. / 나 ~했으면 좋겠어."와 같은 회화 패턴을 배워보도록 하겠습니다.

오늘의 핵심 패턴 & 문법 포인트

- **I can't(couldn't) help __동사__ ing.**

  나 ____하지 않을 수가 없어(할 수 밖에 없었어).

- **I'm __형용사__ to __동사__ .**

  나 ____하게 돼서 ____해.

- **I'm __형용사__ to hear that __문장__ .**

  나 ____한 걸 듣게 돼서 ____해.

- **I'd like to __동사__ .**

  나 ____했으면 좋겠어. (저 ____했으면 합니다.)

Leo

Crystal, I'm sorry. I was too busy.
I couldn't help hang**ing** up the phone last time.

Crystal, 미안해. 내가 너무 바빴지.
나 지난번엔 전화를 끊지 않을 수가 없었어.

 Crystal

It's ok honey.
I'm just happy **to** be with you now.

괜찮아 자기야. 나 지금 자기랑 있는 것만으로도 행복해.

 Leo

I have good news for you.
I will have the whole week off.

나 좋은 소식이 있어. 나 한 주를 통째로 휴가 낼 거야.

 Crystal

Really? **I'm** super happy **to hear that**
you'll be on vacation!

정말? 자기가 휴가를 낸다니 너무너무 기뻐!

 Leo

I got this only for you.

오로지 자길 위해서 이렇게 한 거야.

 Crystal

Oh, how sweet of you!

자기 너무 자상해!

 Leo

I'd like to hit the road with you.

나 자기랑 여행을 갔으면 좋겠어.

 Crystal

Wow, I can't wait!

와, 나 못 기다리겠어!

Vocabulary & Expressions 엿보기

hang up the phone 전화를 끊다   last time 지난번   good news 좋은 소식
have ~ off ~만큼의 휴가를 내다   the whole week 한 주 전체   on vacation 휴가인
hit the road 여행을 떠나다   can't wait 기다릴 수 없다(그만큼 기대된다)

Speaking! 패턴과 키워드를 활용해 한글을 영어로 바꿔 말해봅시다!

 085 **I want to 동사A to 동사B .**

> fall in love with ~ ~와 사랑에 빠지다   hear 듣다   what S+V ~가 ~하는 것
> what you said to ~ 네가 ~에게 말하는 것

난 너랑 사랑에 빠질 수 밖에 없어.
> **I can't help** fall**ing** in love with you.

난 네가 그에게 말하는 걸 들을 수 밖에 없었어.
> **I couldn't help** hear**ing** what you said to him.

086 **I'm 형용사 to 동사 .**

> excited 신난   happy 행복한   sorry 미안한   see ~ again ~을 다시 보다
> be home 집에 있다   bother someone ~을 귀찮게 하다

그녀를 다시 보게 돼서 너무 신나.
집에 와서 너무 행복해.
널 귀찮게 해서 미안해.

> **I'm** so excited **to** see her again.
> **I'm** so happy **to** be home.
> **I'm** sorry **to** bother you.

087 **I'm 형용사 to hear that 문장 .**

> get promoted 승진하다   be doing great 잘 하고 있다, 잘 지내고 있다

네가 승진하지 못했단 소식을 듣게 돼서 너무 유감이야.
> **I'm** so sorry **to hear that** you didn't get promoted.

네가 잘 지낸다는 얘길 들으니 난 기뻐.
> **I'm** glad **to hear that** you're doing great.

088 **I'd like to 동사 .**

> ask ~ some questions ~에게 질문을 몇 가지 하다   buy ~ a drink ~에게 술을 하다

나 너를 도와주고 싶어.
나 너한테 질문을 좀 했으면 해.
나 너한테 술 한 잔 사고 싶어.

> **I'd like to** help you.
> **I'd like to** ask you some questions.
> **I'd like to** buy you a drink.

Writing!

틈나는 시간을 활용해 문장을 써보는 연습도 해봅시다!

- 난 네가 그에게 말하는 걸 들을 수 밖에 없었어.
  🖉 _____

- 난 너랑 사랑에 빠질 수 밖에 없어.
  🖉 _____

- 네가 잘 지낸다는 얘길 들으니 난 기뻐.
  🖉 _____

- 네가 승진하지 못했단 소식을 듣게 돼서 너무 유감이야.
  🖉 _____

- 그녀를 다시 보게 돼서 너무 신나.
  🖉 _____

- 집에 와서 너무 행복해.
  🖉 _____

- 널 귀찮게 해서 미안해.
  🖉 _____

- 나 너를 도와주고 싶어.
  🖉 _____

- 나 너한테 질문을 좀 했으면 해.
  🖉 _____

- 나 너한테 술 한 잔 사고 싶어.
  🖉 _____

Do It Yourself! 외국인과 스스로 대화를 나눠봅시다! 🎧 066

옆에 있는 QR코드를 휴대폰으로 스캔하게 되면, 외국인의 말이 음성으로 나오게 됩니다. 외국인의 말을 듣고 난 후, 배웠던 표현을 활용하여 외국인의 말에 맞장구를 쳐주면 됩니다. 자, 준비 되셨나요? 그럼 시작해봅시다. Let's go!

1. Did you hear what I said to him? 너 내가 걔한테 말하는 걸 들었어?
2. How are you doing? I'm doing great. 어떻게 지내? 난 잘 지내.
3. I hear that she's coming back next week. 그녀가 다음주에 돌아온다는 소식을 들었어.

23 여행을 떠나요!

드디어 본격적인 여행길에 오른 Leo와 Crystal! 차를 끌고 신나게 여행을 떠나던 와중 기름이 떨어져 주유소에 들러야 하는 상황에 직면하게 됩니다. 오늘 이 시간엔 Leo와 Crystal의 대화를 통해 "현재 완료 시제 (have/has+p.p)"를 배워보도록 하겠습니다. 이는 한국어엔 존재하지 않는 시제이기에 많은 분들이 어려워합니다. 하지만 너무 복잡하게 생각할 필요 없이 "과거에 벌어졌던 일이 현재 어떠한 결과를 낳았을 경우 쓰는 시제"라고 받아들이면 됩니다. 예를 들어 "(나 아까 운전 시작해서 이제까지) 벌써 3시간 운전했어."라고 말할 때, 현재 완료 시제를 쓸 수 있겠죠?

오늘의 핵심 패턴 & 문법 포인트

- **I didn't notice** <u>명사 or 문장</u> .

  나 _____라는 걸 알아채지 못했어.

- **I've already** <u>p.p(과거분사)</u> .

  나 이미 _____했어.

- **I've just** <u>p.p(과거분사)</u> .

  나 이제 막 _____했어.

- **But the thing is,** <u>문장</u> .

  하지만 문제는/중요한 건/사실, _____라는 거야.

 Leo

I guess, we need to fill her up.

내 생각엔 기름을 넣어야 할 것 같아.

 Crystal

I didn't notice we'd run out of gas.

난 우리가 기름이 떨어진 줄도 몰랐네.

Leo

Yeah, **I've already** driven for three hours.

그렇네, 벌써 3시간이나 운전했으니.

 Crystal

Oh, there! I can see the gas station!

어, 저기! 주유소가 보여!

Leo

Good, **but the thing is**, there's no attendant.

좋았어, 그런데 문제는, 종업원이 없잖아.

 Crystal

Don't worry.
We can use the self-serve pump.

걱정 마. 셀프 주유를 이용하면 되잖아.

Leo

Sounds good.

좋은 생각이야.

(5 minutes later) 5분 뒤

 Crystal

Alright, **I've just** filled up the tank. Let's go!

됐어, 지금 막 기름을 채웠어. 가자!

Vocabulary & Expressions 엿보기

fill up 가득 채우다   **run out of ~** ~가 떨어지다   **gas station** 주유소
attendant 종업원   **self-serve pump** 셀프 주유   **sounds good** 좋은 생각인 걸
fill up the tank (기름)통을 채우다, 연료를 채우다

Speaking!

패턴과 키워드를 활용해 한글을 영어로 바꿔 말해봅시다! 068

---

089 **I didn't notice** 명사 or 문장 **.**

> around me 내 주변의   approach to ~ ~에게로 접근하다

난 내 주변의 어떤 것도 알아채지 못했어.
▶ **I didn't notice** anything around me.

난 그가 나한테 다가오는 걸 알아채지 못했어.
▶ **I didn't notice** (that) he was approaching to me.

---

090 **I've already** p.p(과거분사) **.**

> finish my work 내 일을 끝내다   tell 말하다   decide to ~ ~하기로 결정하다
> (각 동사의 과거분사형: finished / told / decided)

나 이미 일을 끝마쳤어.   ▶ **I've already** finished my work.

나 이미 너한테 그걸 말했어.   ▶ **I've already** told you that.

나 이미 이걸 하기로 결정했어.   ▶ **I've already** decided to do it.

---

091 **I've just** p.p(과거분사) **.**

> arrive in ~ ~에 도착하다   finish my breakfast 아침식사를 끝내다
> hear the news 그 소식을 듣다   (각 동사의 과거분사형: arrived / finished / heard)

나 이제 막 부산에 도착했어.   ▶ **I've just** arrived in Busan.

나 이제 막 아침식사를 끝냈어.   ▶ **I've just** finished my breakfast.

나 이제 막 그 소식을 들었어.   ▶ **I've just** heard the news.

---

092 **But the thing is,** 문장 **.**

> everybody here 여기 있는 모두   there is no one who can ~ ~할 사람이 없다

하지만 문제는, 여기 있는 모두가 그녀를 싫어한다는 거야.
▶ **But the thing is,** everybody here doesn't like her.

하지만 문제는, 지금 나를 도와줄 수 있는 사람이 없다는 거야.
▶ **But the thing is,** there is no one who can help me now.

 **riting!**

- 나 이제 막 그 소식을 들었어.

  ✎ _____

- 나 이제 막 아침식사를 끝냈어.

  ✎ _____

- 나 이제 막 부산에 도착했어.

  ✎ _____

- 나 이미 이걸 하기로 결정했어.

  ✎ _____

- 나 이미 너한테 그걸 말했어.

  ✎ _____

- 나 이미 일을 끝마쳤어.

  ✎ _____

- 난 내 주변의 어떤 것도 알아채지 못했어.

  ✎ _____

- 난 그가 나한테 다가오는 걸 알아채지 못했어.

  ✎ _____

- 하지만 문제는, 여기 있는 모두가 그녀를 싫어한다는 거야.

  ✎ _____

- 하지만 문제는, 지금 나를 도와줄 수 있는 사람이 없다는 거야.

  ✎ _____

Do It Yourself! 외국인과 스스로 대화를 나눠봅시다! 🎧 069

옆에 있는 QR코드를 휴대폰으로 스캔하게 되면, 외국인의 말이 음성으로 나오게 됩니다. 외국인의 말을 듣고 난 후, 배웠던 표현을 활용하여 외국인의 말에 맞장구를 쳐주면 됩니다. 자, 준비 되셨나요? 그럼 시작해봅시다. Let's go!

1. Did you hear the news today? 너 오늘 그 소식 들었어?
2. When do you get off work? 너 몇 시에 퇴근해(일이 끝나)?
3. Are you really going to do this? 너 정말 이걸 할 생각이야?

UNIT 24

야근 공화국 대한민국

휴가를 끝내고 돌아왔더니, Leo를 기다리고 있는 건 산더미 같은 일거리! 밀린 일을 처리하느라 하루가 멀다 야근을 하며 서서히 지쳐가는 Leo. 결국 회사를 그만 둘 생각까지 하게 됩니다. 적성보다는 스펙에 맞춰 되는대로 취직까지 해버린 마당에 야근까지 하려니 힘든 건 당연지사. 이러한 힘든 심경을 Leo는 회사 동기 중 한 명인 Matthew에게 털어놓습니다. 오늘 이 시간엔 Leo와 그의 동기 Matthew의 대화를 통해 "그건 ~라서 그런 거야. / 너 ~해본 적 있어? / 나 한번도 ~해본 적 없어. / 넌 ~라고 생각해?"와 같은 회화 패턴을 배워보도록 하겠습니다.

🔑 오늘의 핵심 패턴 & 문법 포인트

- **It's because 문장 .**

  그건 _____라서 그런 거야.

- **Have you ever p.p(과거분사) ?**

  너 _____해본 적 있어?

- **I've never p.p(과거분사) .**

  나 한번도 _____해본 적 없어.

- **Do you think 문장 ?**

  넌 _____라고 생각해?

QR코드를 스캔하면 아래
대화의 MP3가 재생됩니다!

 Leo

Oh, this pile of work is killing me.

으, 이 산더미 같은 일 때문에 미치겠네.

 Matthew

It's because you didn't work
while you were on vacation.

네가 휴가 가 있는 동안 일을 못해서 그렇지.

 Leo

I know, but it's too much.

아는데, 이건 너무 많잖아.

 Matthew

Yeah, I can tell.

그래, 알만하다.

 Leo

Have you ever thought about
quitting your job?

너 직장 그만두는 거 생각해본 적 있어?

 Matthew

No, **I've never** thought about it. Why?

아니, 그런 거 생각해본 적 없어. 왜?

 Leo

Look at me. I have no life.
Do you think it's a happy life?

날 봐. 삶이 없잖아. 넌 이게 행복한 삶이라고 생각해?

 Matthew

Of course not.

당연히 아니지.

Vocabulary & Expressions 엿보기

pile of work 산더미 같은 일   ~ is killing me ~때문에 골치 아프다, 미치겠다   too much 너무 많은
quit one's job 직장을 그만두다   I have no ~ 난 ~가 없다   a happy life 행복한 삶
of course not 당연히(물론) 아니지

# peaking! 패턴과 키워드를 활용해 한글을 영어로 바꿔 말해봅시다! 🎧 071

093 **It's because** 문장 .

> care about ~ ~을 신경 쓰다   understand 이해하다   what S+V ~가 ~하는 것

이건 내가 널 사랑하고 신경 써서 그런 거야.
> ▶ **It's because** I love you and care about you.

이건 그들이 우리가 하는 일을 이해 못해서 그런 거야.
> ▶ **It's because** they don't understand what we do.

094 **Have you ever** p.p(과거분사) ?

> try(과거분사: tried) 시도하다, 먹어보다   see(과거분사: seen) 보다
> a celebrity 유명인, 연예인   have been to ~ ~에 가본 적이 있다

너 인도음식 먹어본 적 있어?
▶ **Have you ever** tried Indian food?

너 유명인(연예인)을 본 적이 있어?
▶ **Have you ever** seen a celebrity?

너 유럽에 가본 적 있어?
▶ **Have you ever** been to Europe?

095 **I've never** p.p(과거분사) .

> hear(과거분사: heard) 듣다   before 전에   his house 그의 집
> tell(과거분사: told) 말하다   tell to ~ ~에게 말하다   anyone 그 누구든

나 전에 이걸 들어본 적이 없어.
▶ **I've never** heard of it before.

나 그의 집에 가본 적이 없어.
▶ **I've never** been to his house.

나 이걸 누구에게도 말한 적 없어.
▶ **I've never** told this to anyone.

096 **Do you think** 문장 ?

> can be ~ ~가 될 수 있다   get a haircut 머리를 자르다

넌 남자와 여자가 친구가 될 수 있다고 생각해?
> ▶ **Do you think** men and women can be friends?

네 생각엔 내가 머리를 잘라야 될 것 같아?
> ▶ **Do you think** I should get a haircut?

 **riting!** 틈나는 시간을 활용해 문장을 써보는 연습도 해봅시다!

- 이건 그들이 우리가 하는 일을 이해 못해서 그런 거야.

  ✎ _____

- 이건 내가 널 사랑하고 신경 써서 그런 거야.

  ✎ _____

- 나 그의 집에 가본 적이 없어.

  ✎ _____

- 나 전에 이걸 들어본 적이 없어.

  ✎ _____

- 나 이걸 누구에게도 말한 적 없어.

  ✎ _____

- 너 유명인(연예인)을 본 적이 있어?

  ✎ _____

- 너 유럽에 가본 적 있어?

  ✎ _____

- 너 인도음식 먹어본 적 있어?

  ✎ _____

- 네 생각엔 내가 머리를 잘라야 될 것 같아?

  ✎ _____

- 넌 남자와 여자가 친구가 될 수 있다고 생각해?

  ✎ _____

Do It Yourself! 외국인과 스스로 대화를 나눠봅시다! 🎧 072

옆에 있는 QR코드를 휴대폰으로 스캔하게 되면, 외국인의 말이 음성으로 나오게 됩니다. 외국인의 말을 듣고 난 후, 배웠던 표현을 활용하여 외국인의 말에 맞장구를 쳐주면 됩니다. 자, 준비 되셨나요? 그럼 시작해봅시다. Let's go!

1. They don't seem to understand us. 그들은 우릴 이해하지 못하는 것 같아.
2. Have you ever been to his house? 너 걔네 집에 가본 적 있어?
3. Your hair is really long. 너 머리가 정말 길구나.

UNIT 25

일에 파묻혀 사는 내 인생

야근을 넘어 주말에도 일을 하게 된 Leo. 상사 중 한 명인 Adam은 그런 Leo를 걱정 어린 눈빛으로 쳐다보지만, 그 역시 말로는 위로를 건네도 Leo의 일을 줄여줄 순 없는 노릇. Leo와 마찬가지로 제 친구 역시, 자신이 너무 바빠 아들 얼굴 한 번 제대로 못 보며 산다는 말과 함께 눈물을 왈칵 쏟아내는 걸 본 적이 있습니다. 대한민국의 많은 직장인들, 바빠도 너무 바쁜 게 아닐까 싶네요. 오늘 이 시간엔 Leo와 그의 상사 Adam의 대화를 통해 "얼마나 오래 ~해왔나요? / 저는 ~동안 ~해오고 있습니다. / 저는 ~하지 않다고 생각해요."와 같은 회화 패턴을 배워보도록 하겠습니다.

오늘의 핵심 패턴 & 문법 포인트 🗝

- **How long have you been   동사   ing?**

  얼마나 오래 (지금까지) _____ 해왔나요?

- **I've been   동사   ing for   기간 .**

  저는 _____ 동안 _____을 해오고 있습니다.

- **I don't think   문장 .**

  저는 _____하지 않다고 생각해요.

- **What about 명사 or 동사–ing ?**

  _____는 어떤가요? (혹은, "어떻게 되는 건가요?")

Conversation! 🎧073

QR코드를 스캔하면 아래 대화의 MP3가 재생됩니다!

 Adam

Are you still working?
How long have you been work**ing**?

자네 아직도 일하나? 대체 얼마나 오래 일하고 있는 거야?

 Leo

I've been work**ing for** 7 hours.

7시간째 일하고 있습니다.

 Adam

You've got to be kidding me. 7 hours?

자네 농담하는 거겠지. 7시간이라고?

 Leo

Yeah, it's killing me.

네, 이것 때문에 죽겠습니다.

 Leo

What about tonight's get-together?

오늘밤 모임은 어떻게 되는 건가?

Sir, **I've been** think**ing**,
but **I don't think** I can join you guys.

생각을 해봤는데, 아무래도 참석 못할 것 같아요.

 Adam

You've been work**ing** too much lately.
You should take a rest.

자네 최근 일을 너무 많이 하고 있어. 자네 좀 쉬어야 돼.

 Leo

I know, but I can't.

아는데, 그게 안 되네요.

Vocabulary & Expressions 엿보기

You've got to be kidding me. 농담하는 거지. 장난하는 거지.
It's killing me. 이것 때문에 죽겠어. 이것 때문에 미치겠어.　**get-together** 모임
join 참여하다　**lately** 최근에　**take a rest** 휴식을 취하다

Speaking!

097 **How long have you been __동사__ ing?**

wait here 여기서 기다리다   learn English 영어를 공부하다

얼마나 오래 (지금까지) 여기서 기다렸던 건가요?
▶ **How long have you been** wait**ing** here?

얼마나 오래 (지금까지) 영어를 공부해 온 건가요?
▶ **How long have you been** learn**ing** English?

098 **I've been __동사__ ing for __기간__ .**

sleep 잠을 자다 a day 하루   use 사용하다   years 수 년   smoke 담배를 피다

나 하루 종일 자고 있어.
▶ **I've been** sleep**ing for** a day.

나 이걸 수 년 동안 쓰고 있어.
▶ **I've been** us**ing** it **for** years.

나 10년 동안 담배를 피워왔어.
▶ **I've been** smok**ing for** ten years.

099 **I don't think __문장__ .**

I'm ready to ~ ~할 준비가 되다   start my own business 내 사업을 시작하다
finish ~ by tomorrow 내일까지 ~을 끝내다

전 제가 제 사업을 시작할 준비가 안 됐다고 생각해요.
▶ **I don't think** I'm ready to start my own business.

전 제가 이걸 내일까지 끝낼 수 없을 거라고 봐요.
▶ **I don't think** I can finish this by tomorrow.

100 **What about __명사 or 동사-ing__ ?**

the meeting 회의   this movie 이 영화   go on a picnic 소풍을 가다

회의는 어떻게 하고?
▶ **What about** the meeting?

이 영화는 어때?
▶ **What about** this movie?

소풍 가는 거 어때?
▶ **What about** go**ing** on a picnic?

 **riting!** 틈나는 시간을 활용해 문장을 써보는 연습도 해봅시다!

- 나 하루 종일 자고 있어.
  🖉 _____

- 나 이걸 수 년 동안 쓰고 있어.
  🖉 _____

- 나 10년 동안 담배를 피워왔어.
  🖉 _____

- 얼마나 오래 (지금까지) 여기서 기다렸던 건가요?
  🖉 _____

- 얼마나 오래 (지금까지) 영어를 공부해 온 건가요?
  🖉 _____

- 전 제가 이걸 내일까지 끝낼 수 없을 거라고 봐요.
  🖉 _____

- 전 제가 제 사업을 시작할 준비가 안 됐다고 생각해요.
  🖉 _____

- 소풍 가는 거 어때?
  🖉 _____

- 이 영화는 어때?
  🖉 _____

- 회의는 어떻게 하고?
  🖉 _____

Do It Yourself! 외국인과 스스로 대화를 나눠봅시다! 🎧 075

옆에 있는 QR코드를 휴대폰으로 스캔하게 되면, 외국인의 말이 음성으로 나오게 됩니다. 외국인의 말을 듣고 난 후, 배웠던 표현을 활용하여 외국인의 말에 맞장구를 쳐주면 됩니다. 자, 준비 되셨나요? 그럼 시작해봅시다. Let's go!

1. What have you been doing today? 너 오늘 뭐하며 지내고 있어?
2. Can you finish this by tomorrow? 내일까지 이걸 끝낼 수 있나요?
3. What do you want to do this weekend? 너 이번 주말에 뭐 하고 싶어?

UNIT
26 연봉 협상

야근에 주말 근무까지, 열심히 일을 해온 Leo, 하지만 연봉협상 과정에서 예상했던 것보다 더없이 낮은 금액을 제안 받게 됩니다. 이에 실망한 Leo가 자신의 업무성과를 어필하며 연봉을 끌어올리고자 하지만, 결국 원하는 결과를 얻지 못하고 마는데요. Leo와 마찬가지로 대한민국의 많은 직장인분들 역시 연봉협상이 아닌 "연봉통보"를 받는 경우가 많을 겁니다. 부디 능력만큼 대우 받는 평등한 사회가 오기를! 오늘 이 시간엔 Leo와 인사과 담당 Dave의 대화를 통해 "~는 ~보다 더 ~합니다. / ~는 제가 예상했던 것보다 더 ~합니다."와 같은 비교급 회화 패턴을 배워보도록 하겠습니다.

오늘의 핵심 패턴 & 문법 포인트

- **__A__ am/is/are 비교급 형용사 than __B__ .**

  __A__ 는 __B__ 보다 더 _____합니다.

- **__A__ am/is/are 비교급 형용사 than I expected.**

  __A__ 는 제가 예상했던 것보다 더 _____합니다.

- **__A__ am/is/are 비교급 형용사 than any other __B__ .**

  __A__ 는 그 어떤 다른 __B__ 보다 더 _____합니다.

- **That's why __문장__ .**

  그래서 바로 _____인 겁니다.

Dave

We suggest $29,000 for your annual salary next year,
because you're more diligent **than** others.

Leo씨는 다른 이들보다 훨씬 근면 성실하기 때문에
내년도 연봉으로 29,000달러를 제안하는 바입니다.

Leo

Sir, sorry, but it's lower **than I expected**.

저, 죄송하지만, 제가 예상했던 것보다 낮네요.

Dave

No, it's higher **than any other** company's salaries.

아니요, 다른 어떤 회사의 급여보다도 높은 편입니다.

Leo

But I worked harder **than any other** employees.

하지만 전 다른 직원 누구보다도 열심히 일했습니다.

Dave

I know, that's why we suggest this high annual salary.

압니다. 그것이 바로 이 같은 높은 연봉을 제안한 이유입니다.

Leo

And also, I've finished more projects than others.

그리고 또, 전 다른 이들보다 프로젝트도 더 많이 완수했고요.

Dave

Sorry, but the negotiation is over.

죄송하지만, 협상은 이것으로 끝났습니다.

Leo

What?

뭐라고요?

Vocabulary & Expressions 엿보기

suggest 제안하다   **annual salary** 연봉   **more** 더욱, 더   **diligent** 근면한, 성실한
than I expected 내가 예상했던 것보다   **lower** 더 낮은   **higher** 더 높은
finish a project 프로젝트를 끝내다(완료하다)   **negotiation** 협상   **over** 끝난

 A am/is/are 비교급 형용사 than B .

better 더 나은 cheaper 더 싼 more beautiful 더 아름다운

네가 나보다 더 낫다.

그는 ▶ You **are** better **than** me.

가스가 기름보다 더 싸요.

▶ Gas **is** cheaper **than** oil.

그녀는 다른 사람들보다 아름다워.

▶ She **is** more beautiful **than** others.

 A am/is/are 비교급 형용사 than I expected.

the living room 거실 smaller 더 작은 fixing the car 차를 고치는 것
more expensive 더 비싼 ("am/is"의 과거형은 "was", "are"의 과거형은 "were")

거실이 제가 예상했던 것보다 작네요.

▶ The living room **is** smaller **than I expected.**

차를 수리하는 게 제가 예상했던 것보다 더 비쌌어요.

▶ Fixing the car **was** more expensive **than I expected.**

 A am/is/are 비교급 형용사 than any other B .

taller 더 키가 큰 guy 남자 in this class 이 교실에서
experience 경험 more important 더 중요한 thing in life 인생의 어떤 것

Joshua는 이 반의 그 어떤 남자들보다도 키가 커요.

▶ Joshua **is** taller **than any other** guys in this class.

경험은 인생의 그 어떤 것보다도 더 중요합니다.

▶ Experience **is** more important **than any other** thing in life.

 That's why 문장 .

like 좋아하다 trust 믿다 choose 선택하다(과거형: chose) this place 이곳, 여기

그래서 내가 이걸 안 좋아해.

▶ **That's why** I don't like it.

그래서 내가 널 못 믿어.

▶ **That's why** I don't trust you.

그래서 우리가 여길 택했던 겁니다.

▶ **That's why** we chose this place.

 **riting!** 틈나는 시간을 활용해 문장을 써보는 연습도 해봅시다!

■ 그녀는 다른 사람들보다 아름다워.

✎ _____

■ 네가 나보다 더 낫다.

✎ _____

■ 가스가 기름보다 더 싸요.

✎ _____

■ 차를 수리하는 게 제가 예상했던 것보다 더 비쌌어요.

✎ _____

■ 거실이 제가 예상했던 것보다 작네요.

✎ _____

■ 경험은 인생의 그 어떤 것보다도 더 중요합니다.

✎ _____

■ Joshua는 이 반의 그 어떤 남자들보다도 키가 커요.

✎ _____

■ 그래서 내가 이걸 안 좋아해.

✎ _____

■ 그래서 내가 널 못 믿어.

✎ _____

■ 그래서 우리가 여길 택했던 겁니다.

✎ _____

Do It Yourself! 외국인과 스스로 대화를 나눠봅시다! 🎧 078

옆에 있는 QR코드를 휴대폰으로 스캔하게 되면, 외국인의 말이 음성으로 나오게 됩니다. 외국인의 말을 듣고 난 후, 배웠던 표현을 활용하여 외국인의 말에 맞장구를 쳐주면 됩니다. 자, 준비 되셨나요? 그럼 시작해봅시다. Let's go!

1. Do you think she is beautiful? 넌 그녀가 아름답다고 생각해?
2. How much did it cost to fix your car? 차를 고치는 데 돈이 얼마나 들었나요?
3. What do you think is the most important thing in your life?
   당신은 인생에서 뭐가 가장 중요하다고 생각하나요?

27 사표 제출

야근, 주말 근무, 낮은 연봉, 결국 "퇴사"라는 최후의 선택을 하게 된 Leo. 실제 대기업 사원의 약 절반 가량이 2년 안에 퇴사를 한다고 하니 실로 심각한 문제가 아닐 수 없습니다. 제가 가르치는 학생들 중에도 퇴사 후 하루 종일 영어 공부에 올인하는 학생들이 많아지고 있는데, 이를 통해 영어를 배워 한국을 벗어나 열린 사고 방식의 외국계 회사에서 일하고 싶어하는 사람들이 점점 늘고 있음을 느낄 수 있습니다. 오늘 이 시간엔 Leo와 인사 담당자 Tom의 대화를 통해 "전 ~해야 할지 모르겠습니다. / ~는 제 기대만큼 ~합니다."와 같은 회화 패턴을 배워보도록 하겠습니다.

오늘의 핵심 패턴 & 문법 포인트

- **I don't know how to　동사　.**

  전 어떻게 _____해야 할지 모르겠습니다.

- **　명사　is(was) as　형용사　as I expected.**

  _____는 제 기대만큼 _____합니다(했습니다).

- **　명사　is(was) not as　형용사　as I expected.**

  _____는 제 기대만큼 _____하지 못합니다(못했습니다).

- **I'll　동사　as soon as possible.**

  최대한 빨리 _____하도록 하겠습니다.

QR코드를 스캔하면 아래
대화의 MP3가 재생됩니다!

Leo

Sir, can I talk to you in private?

저, 따로 말씀 좀 드릴 수 있을까요?

Tom

Sure.

물론이죠.

Leo

Well, **I don't know how to** put it…
Sorry, sir. I will resign.

음, 어떻게 말씀 드려야 할지 모르겠는데…
죄송합니다, 저 퇴사하겠습니다.

Tom

What? Why?

뭐요? 왜죠?

Leo

My office life **is not (as)** satisfying **as I expected**.

회사생활이 제 기대만큼 만족스럽지 않습니다.

Tom

You can't expect everything to be perfect.

모든 게 완벽하길 기대할 순 없는 거잖아요.

Leo

I know, but also, my salary for next year
is not **(as)** high **as I expected**.

압니다, 하지만 제 내년도 연봉 또한 제 기대만큼
높지 않거든요.

Tom

Ok... **I will** deal with your resignation
as soon as possible.

알겠습니다... 최대한 빨리 퇴사처리를 해드릴게요.

Vocabulary & Expressions 엿보기

in private 사적으로   **resign** 사직(퇴직)하다   **satisfying** 만족스런   **expect** 기대하다
salary 급여   **deal with ~** ~을 처리하다   **resignation** 퇴직, 사임

105 **I don't know how to 동사 .**

explain 설명하다   use 사용하다   help someone ~을 돕다

이걸 어찌 설명해야 할지 모르겠어.
이걸 어떻게 사용하는지 모르겠어.
그를 어떻게 도와야 할지 모르겠어.

▶ **I don't know how to** explain it.
▶ **I don't know how to** use it.
▶ **I don't know how to** help him.

106 **명사 is(was) as 형용사 as I expected.**

interesting 재미있는   the apartment 아파트   expensive 비싼

그 영화는 제 기대만큼 재미있었어요.
▶ The movie **was as** interesting **as I expected**.

이 아파트는 제가 예상했던 만큼 비싸네요.
▶ The apartment **is as** expensive **as I expected**.

107 **명사 is(was) not as 형용사 as I expected.**

the weather 날씨   fine 좋은   this food 이 음식   delicious 맛있는

날씨가 제 기대만큼 좋지 않네요.
▶ The weather **is not as** fine **as I expected**.

이 음식은 제가 예상했던 만큼 맛있지가 않네요.
▶ This food **is not as** delicious **as I expected**.

108 **I'll 동사 as soon as possible.**

be back 돌아가다   return something ~을 반납하다   call someone ~에게 전화하다

최대한 빨리 돌아갈게요.
최대한 빨리 이걸 반납할게요.
최대한 빨리 너한테 전화할게.

▶ **I'll** be back **as soon as possible**.
▶ **I'll** return it **as soon as possible**.
▶ **I'll** call you **as soon as possible**.

■ 그 영화는 제 기대만큼 재미있었어요.

　✎ _____

■ 이 아파트는 제가 예상했던 만큼 비싸네요.

　✎ _____

■ 이 음식은 제가 예상했던 만큼 맛있지가 않네요.

　✎ _____

■ 날씨가 제 기대만큼 좋지 않네요.

　✎ _____

■ 최대한 빨리 돌아갈게요.

　✎ _____

■ 최대한 빨리 이걸 반납할게요.

　✎ _____

■ 최대한 빨리 너한테 전화할게.

　✎ _____

■ 이걸 어찌 설명해야 할지 모르겠어.

　✎ _____

■ 이걸 어떻게 사용하는지 모르겠어.

　✎ _____

■ 그를 어떻게 도와야 할지 모르겠어.

　✎ _____

Do It Yourself!　외국인과 스스로 대화를 나눠봅시다! 🎧 081

옆에 있는 QR코드를 휴대폰으로 스캔하게 되면, 외국인의 말이 음성으로 나오게 됩니다. 외국인의 말을 듣고 난 후, 배웠던 표현을 활용하여 외국인의 말에 맞장구를 쳐주면 됩니다. 자, 준비 되셨나요? 그럼 시작해봅시다. Let's go!

1. How was the movie? 영화 어땠어?
2. How do you like your food? 음식 맛은 어때?
3. When will you come back? 너 언제쯤 돌아올 거야?

UNIT 28

술을 마신다고 고민이 사라지나?

그렇게 열심히 취업 준비를 해서 취직을 했는데 일을 그만두게 된 Leo. 심적으로 많이 괴로웠는지 과음을 하고 맙니다. 과음한 Leo를 걱정스럽게 바라보며 무슨 일인지 말해보라는 Crystal, Leo는 그녀에게 자신이 사표를 낸 것을 털어놓습니다. Leo의 퇴사를 여자친구인 Crystal은 과연 어떻게 받아들이게 될까요? 가까스로 애정전선의 위기를 넘은 두 사람에게 또 시련이 찾아오는 게 아닌가 싶습니다. 오늘 이 시간엔 Leo와 Crystal의 대화를 통해 "너 ~인 것처럼 보여. / ~인 것 같아. / 나 ~해 보여? / 나 ~인 것처럼 보여?"와 같은 회화 패턴을 배워보도록 하겠습니다.

오늘의 핵심 패턴 & 문법 포인트

- **You look like** <u>명사 or 문장</u> **.**
  너 _____인 것처럼 보여.

- **It sounds like** <u>문장</u> **.**
  _____인 것 같아.

- <u>명사</u> **smell(s)** <u>형용사</u> **.**
  _____가 _____한 냄새가 나.

- **Do I look** <u>형용사</u> **? / Do I look like** <u>명사 or 문장</u> **?**
  나 _____해 보여? / 나 _____인 것처럼 보여?

Conversation! 🎧 082

QR코드를 스캔하면 아래 대화의 MP3가 재생됩니다!

Crystal

You look like you're about to puke up.

자기 토할 것 같아 보여.

Leo

I think I need to sit down.

나 좀 앉아야 될 것 같아.

Crystal

It sounds like you drank too much.

자기 술을 너무 많이 마신 것 같은데.

Leo

Yeah, I drank like a fish last night.

응, 어젯밤 술을 진탕 마셨거든.

Crystal

Yuck! Your breath **smells** terrible.

윽! 자기 입 냄새가 정말 안 좋은 걸.

Leo

Really? Sorry. **Do I look** pathetic?

정말? 미안해. 나 한심해 보여?

Crystal

No, you don't. I think something happened
to you. Tell me.

아니야, 안 그래 보여. 내 생각엔 자기한테 무슨 일이
생긴 것 같은데. 나한테 말해봐.

Leo

Honey, to be honest with you, I quit my job.

자기야, 솔직히 말하면, 나 직장 그만뒀어.

Vocabulary & Expressions 엿보기

puke up 토하다　about to ~ ~하려고 하다　drink-drank 마시다–마셨다(과거)
drink like a fish 술을 진탕 마시다　breath (내쉬는) 숨　pathetic 한심한, 불쌍한
to be honest with you 너한테 솔직해지자면　quit one's job 직장을 관두다

야근, 삐걱대는 애정전선, 그리고 사직서 • **139**

You look like 명사 or 문장 .

a movie star 영화 배우   need a break 휴식이 필요하다
win(won) the lottery 복권에 당첨되다(당첨됐다)

너 영화배우처럼 보여.

너 휴식이 필요해 보여.

너 복권이라도 당첨된 것 같다.

▶ **You look like** a movie star.

▶ **You look like** you need a break.

▶ **You look like** you won the lottery.

110 **It sounds like** 문장 .

A is into B A가 B에게 푹 빠지다   pull an all-nighter 밤샘 공부를 하다
know more about ~ ~에 대해 더 많이 알다   than me 나보다

그녀가 너한테 푹 빠진 것 같은데.

▶ **It sounds like** she is really into you.

너 밤샘 공부한 것 같은데.

▶ **It sounds like** you pulled an all-nighter.

네가 나보다 이걸 더 많이 아는 것 같은데.

▶ **It sounds like** you know more about this than me.

111 명사 **smell(s)** 형용사 .

funny 웃긴, 희한한   bad 나쁜, 좋지 않은   nice 좋은, 멋진

여기 정말 희한한 냄새가 나.

이 음식 진짜 안 좋은 냄새가 나.

이 꽃 정말 좋은 냄새가 나.

▶ This place **smells** funny.

▶ This food **smells** really bad.

▶ This flower **smells** so nice.

112 **Do I look** 형용사 **? / Do I look like** 명사 or 문장 **?**

good 좋은, 괜찮은   a fool 바보   have a problem 문제가 있다

나 괜찮아 보여?

나 바보 같아 보여?

나 문제 있는 것처럼 보여?

▶ **Do I look** good?

▶ **Do I look like** a fool?

▶ **Do I look like** I have a problem?

# **W**riting! 틈나는 시간을 활용해 문장을 써보는 연습도 해봅시다!

- 너 영화배우처럼 보여.
  ✎ _____

- 너 휴식이 필요해 보여.
  ✎ _____

- 너 복권이라도 당첨된 것 같다.
  ✎ _____

- 그녀가 너한테 푹 빠진 것 같은데.
  ✎ _____

- 너 밤샘 공부한 것 같은데.
  ✎ _____

- 네가 나보다 이걸 더 많이 아는 것 같은데.
  ✎ _____

- 나 문제 있는 것처럼 보여?
  ✎ _____

- 나 괜찮아 보여?
  ✎ _____

- 여기 정말 희한한 냄새가 나.
  ✎ _____

- 이 꽃 정말 좋은 냄새가 나.
  ✎ _____

Do It Yourself! 외국인과 스스로 대화를 나눠봅시다! 🎧 084

옆에 있는 QR코드를 휴대폰으로 스캔하게 되면, 외국인의 말이 음성으로 나오게 됩니다. 외국인의 말을 듣고 난 후, 배웠던 표현을 활용하여 외국인의 말에 맞장구를 쳐주면 됩니다. 자, 준비 되셨나요? 그럼 시작해봅시다. Let's go!

1. How do I look? 나 어때 보여?
2. I didn't sleep at all last night. 나 어젯밤에 하나도 못 잤어.
3. You look so serious today. 너 오늘 많이 심각해 보여.

UNIT 29

사직서와 함께 몸도 아프고

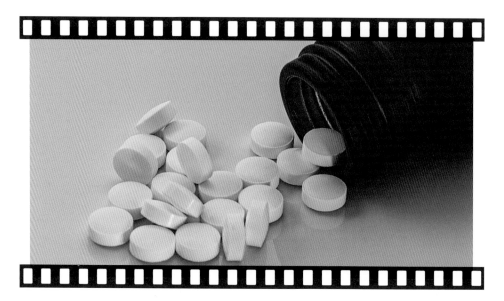

퇴사 전까지 개미처럼 일한 Leo, 드디어 그 동안 쌓였던 피로가 병으로 나타나나 봅니다. 스트레스를 많이 받은 게 원인 인지 특히나 심장 쪽 통증을 호소하는 Leo. 의사를 찾아가 증상을 설명하고 약을 처방 받게 됩니다. 정말 좋아하는 일을 하다가 몸이 아팠다면 덜 억울할 것 같은데, 단지 돈을 벌고자 취직하고 일을 하다 몸이 아프니 얼마나 속상할까요? 많은 대한민국 직장인들의 애환이 아닐까 싶습니다. 오늘 이 시간엔 Leo와 의사와의 대화를 통해 "얼마나 오래 ~한 건가요? / 당신은 확실히 ~하군요. / ~하다는 게 놀랄 일도 아니죠."와 같은 회화 패턴을 배워보도록 하겠습니다.

오늘의 핵심 패턴 & 문법 포인트

- **How long have you p.p(과거분사) ?**

  얼마나 오래 _____한 건가요?

- **You surely 동사 .**

  당신은 확실히 _____하군요.

- **It is no wonder (that) 문장 .**

  _____하다는 게 놀랄 일도 아니죠(당연하죠).

- **until 명사 or 문장 / by 명사**

  이 2개 모두 "_____까지"라는 의미 ("until"은 시작 시점부터 지칭한 시점까지 쭉~이어지는 일을 말할 때, "by"는 마감일과 같이 딱! 지칭한 시점까지 끝내라고 말할 때 쓰임)

Conversation! 085

QR코드를 스캔하면 아래
대화의 MP3가 재생됩니다!

Doctor

What are your symptoms?

증상이 어떻게 되십니까?

Leo

I have a pain in my heart.

심장 쪽에 통증이 있어요.

Doctor

Let me see. **How long have you** had it?

좀 봅시다. 얼마나 오래 이런 증상이 있었죠?

Leo

It's been about a month.

대략 한 달 정도 됩니다.

Doctor

You surely have a heart problem.

확실히 심장 쪽에 문제가 있군요.

Leo

It is no wonder I have it, because I've worked
too much for the past two years.

이런 문제가 있는 게 놀랄 일도 아니죠,
저 지난 2년간 정말 일을 과하게 했거든요.

Doctor

Yeah, right. You should take this medicine
until next week.

네, 맞습니다. 다음주까지 이 약을 쭉 복용하도록 하세요.

Leo

Thank you.

감사합니다.

Vocabulary & Expressions 엿보기

symptom 증상   have a pain 통증이 있다   heart 심장   let me see 좀 봅시다
heart problem 심장 문제   work too much 일을 과하게 하다   past 과거의, 지난
take a medicine 약을 복용하다   next week 다음주

---

113 **How long have you p.p(과거분사) ?**

> live 살다(과거분사: lived) be(과거분사: been) single 연애를 안 하는 상태(싱글)
> know 알다(과거분사: known)

얼마나 오래 여기 산 거야? ▶ **How long have you** lived here?

얼마나 오래 연애를 안 한 거야? ▶ **How long have you** been single?

얼마나 오래 그녀를 알고 지냈어? ▶ **How long have you** known her?

---

114 **You surely 동사 .**

> have an interesting background 흥미로운 경력(배경)을 지니다
> realize 깨닫다 what S+V ~가 ~하는 것 what I'm saying 내가 말하는 것

당신은 확실히 아주 흥미로운 경력을 갖고 있군요.

▶ **You surely** have a very interesting background.

넌 확실히 내가 뭘 말하는지 깨닫지 못하고 있어.

▶ **You surely** do not realize what I'm saying.

---

115 **It is no wonder (that) 문장 .**

> fail all one's classes 전과목을 낙제하다 cynical 냉소적인 politics 정치

그가 모든 과목에서 낙제한 건 당연한 일이야.

▶ **It is no wonder that** he has failed all his classes.

사람들이 정치에 냉소적이라는 건 놀랄만한 일이 아니야.

▶ **It is no wonder that** people are cynical about politics.

---

116 **until 명사 or 문장 / by 명사**

> study 공부하다 midnight 자정 you never know 누가 알아, 누가 알겠어
> happen (어떤 일이) 일어나다, 터지다 get here 여기로 오다

나 자정까지 공부했어. ▶ I studied **until** midnight.

그 일이 터지기 전까지 누가 알아. ▶ You never know **until** it happens.

너 2시까지 여기 도착해야 돼. ▶ You should get here **by** two p.m.

 **riting!** 틈나는 시간을 활용해 문장을 써보는 연습도 해봅시다!

■ 넌 확실히 내가 뭘 말하는지 깨닫지 못하고 있어.

✎ _____

■ 당신은 확실히 아주 흥미로운 경력을 갖고 있군요.

✎ _____

■ 그가 모든 과목에서 낙제한 건 당연한 일이야.

✎ _____

■ 사람들이 정치에 냉소적이라는 건 놀랄만한 일이 아니야.

✎ _____

■ 너 2시까지 여기 도착해야 돼.

✎ _____

■ 그 일이 터지기 전까지 누가 알아.

✎ _____

■ 나 자정까지 공부했어.

✎ _____

■ 얼마나 오래 여기 산 거야?

✎ _____

■ 얼마나 오래 연애를 안 한 거야?

✎ _____

■ 얼마나 오래 그녀를 알고 지냈어?

✎ _____

Do It Yourself! 외국인과 스스로 대화를 나눠봅시다! 🎧 087

옆에 있는 QR코드를 휴대폰으로 스캔하게 되면, 외국인의 말이 음성으로 나오게 됩니다. 외국인의 말을 듣고 난 후, 배웠던 표현을 활용하여 외국인의 말에 맞장구를 쳐주면 됩니다. 자, 준비 되셨나요? 그럼 시작해봅시다. Let's go!

1. **I don't understand what you're saying.** 나 네가 무슨 말하는지 모르겠어.
2. **Did you hear that Jim failed all his classes?** 너 Jim이 전과목 낙제했단 거 들었어?
3. **By what time do I have to be there?** 내가 몇 시까지 거기로 가야 해?

30 꿈에 그리던 나 홀로 배낭여행

퇴사 후 힐링을 위해 배낭 하나 짊어지고 혼자 여행을 떠난 Leo, 한 아름다운 여행지에 도착해 경치를 감상하던 중 그곳에 사는 한 노인을 만나 이야기를 나누게 됩니다. 그 노인 역시 Leo처럼 삶에 지쳐 여행을 떠나 이곳에 온 후, 이곳의 아름다움에 매료돼 여기에 정착하게 됐다는 얘기를 하는데요. Leo 역시 그러고 싶은 생각이 든다고 하자 노인은 Leo에게 멈추지 말고 꿈을 쫓아 가라고 말합니다. 오늘 이 시간엔 Leo와 노인 Johnson의 대화를 통해 "정말이지 ~한 ~로군요. / 이건 정말 ~하네요. / 전 한 때 ~했었어요."와 같은 회화 패턴을 배워보도록 하겠습니다.

오늘의 핵심 패턴 & 문법 포인트

- **It is such a** 형용사 명사 .

  정말이지 (형용사) 한 (명사) 로군요.

- **It is so** 형용사 .

  이건 정말 _____하네요.

- **It is so** 형용사 **that** 문장 .

  이건 정말 (형용사) 해서 (문장) 해요.

- **I once** 과거동사 .

  전 한 때(한 번은) _____했었어요(였었어요).

146 • Chapter 3

Leo

Wow! **It is such a** beautiful village.

와! 정말 아름다운 마을이야.

 Johnson

Good morning, son. You must be tourist.

좋은 아침이야, 젊은이. 관광객이 분명하구먼.

 Leo

Good morning. Yeah, I'm on my trip alone.

좋은 아침입니다. 네, 저 혼자 여행 중이에요.

 Johnson

I was once a traveler in this village like you
about thirty years ago.

한 30년 전에 나도 자네처럼 이 마을의 여행객이었지.

 Leo

Oh, you were?

엇, 그러셨어요?

 Johnson

But **it was so** beautiful **that** I couldn't help
settling down in this village.

그런데 이곳이 너무 아름다워 정착하지 않을 수 없었지.

 Leo

Yeah, **it is such a** fabulous place
that even I want to stay here longer.

네, 정말 너무 멋져서 저마저 더 오래 머물고 싶어요.

 Johnson

Son, you're too young to live here. You should
follow your dreams somewhere out there.

젊은이, 자넨 여기 살기엔 너무 젊어.
저 밖 어딘가에 있을 자네 꿈을 쫓아야지.

Vocabulary & Expressions 엿보기

village 마을   tourist 여행객   on my trip 내 여행 중인   traveler 여행객
settle down 정착하다   longer 더 오래   somewhere out there 저 밖 어딘가

117 **It is such a** 형용사 명사 .

beautiful 아름다운 place 장소 serious 심각한 situation 상황 difficult 어려운 part 부분

정말이지 아름다운 곳이야.   ▶ **It is such a** beautiful place.

정말이지 심각한 상황이야.   ▶ **It is such a** serious situation.

정말이지 어려운 부분이야.   ▶ **It is such a** difficult part.

118 **It is so** 형용사 .

complicating 복잡한 disgusting 역겨운 helpful 도움 되는 beneficial 유익한

이건 정말이지 복잡한데.   ▶ **It is so** complicating.

이건 정말이지 역겨운데.   ▶ **It is so** disgusting.

이건 정말 도움이 되고 유익한 걸.   ▶ **It is so** helpful and beneficial.

119 **It is so** 형용사 **that** 문장 .

delicious 맛있는 can't stop ~ing ~하는 걸 멈출 수 없다 hot 더운
don't feel like ~ing ~하고 싶지 않다

이건 너무 맛있어서 넌 먹는 걸 멈출 수 없을 걸!
▶ **It is so** delicious **that** you can't stop eating!

너무 더워서 나 아무것도 하고 싶지 않아.
▶ **It is so** hot **that** I don't feel like doing anything.

120 **I once** 과거동사 .

live in ~ ~에 살다 go out with ~ ~와 사귀다 take a trip to ~ ~로 여행가다
(위 동사의 과거형: live 〉 lived / go 〉 went / take 〉 took)

난 한때 부산에 2년간 살았었어.   ▶ **I once** lived in Busan for 2 years.

난 한때 Joshua랑 사귀었었어.   ▶ **I once** went out with Joshua.

난 한번은 중국으로 여행을 갔었어.   ▶ **I once** took a trip to China.

Writing!

- 난 한때 부산에 2년간 살았었어.

  ✎ _____

- 난 한때 Joshua랑 사귀었었어.

  ✎ _____

- 나 한번은 중국으로 여행을 갔었어.

  ✎ _____

- 너무 더워서 나 아무것도 하고 싶지 않아.

  ✎ _____

- 이건 너무 맛있어서 넌 먹는 걸 멈출 수 없을 걸!

  ✎ _____

- 정말이지 아름다운 곳이야.

  ✎ _____

- 정말이지 심각한 상황이야.

  ✎ _____

- 정말이지 어려운 부분이야.

  ✎ _____

- 이건 정말이지 복잡한데.

  ✎ _____

- 이건 정말 도움이 되고 유익한 걸.

  ✎ _____

Do It Yourself! 외국인과 스스로 대화를 나눠봅시다! 090

옆에 있는 QR코드를 휴대폰으로 스캔하게 되면, 외국인의 말이 음성으로 나오게 됩니다. 외국인의 말을 듣고 난 후, 배웠던 표현을 활용하여 외국인의 말에 맞장구를 쳐주면 됩니다. 자, 준비 되셨나요? 그럼 시작해봅시다. Let's go!

1. Have you ever lived in Busan? 넌 부산에 살았던 적이 있어?
2. It is so hot today, isn't it? 오늘 정말 덥다, 안 그래?
3. Wow! Look at the view! 와! 경치 좀 봐!

Review & Practice!

앞서 배운 회화 패턴을 복습한 뒤 연습 문제를 풀어봅시다!

081 I want to 동사A to 동사B. 나 (동사B)하기 위해 (동사A)하고 싶어.

082 I have to 동사. 나 ____해야만 해.

083 I have to 동사A to 동사B. 나 (동사B)하려면 (동사A)해야만 해.

084 I have 명사 to 동사. 나 (동사)할 (명사)가 있어.

085 I can't(couldn't) help 동사—ing. 나 _____하지 않을 수가 없어(할 수 밖에 없었어).

086 I'm 형용사 to 동사. 나 ____하게 돼서 ____해.

087 I'm 형용사 to hear that 문장. 나 ____한 걸 듣게 돼서 _____해.

088 I'd like to 동사. 나 ____했으면 좋겠어. (저 ____했으면 합니다.)

089 I didn't notice 명사/문장. 나 ____라는 걸 알아채지 못했어.

090 I've already p.p(과거분사). 나 이미 ____했어.

1. 나 지금 가봐야 돼요. •	• a. I've already finished my work.
2. 나 숙제 끝내려면 밤 새야 돼. •	• b. I can't help falling in love with you.
3. 나 너한테 할 얘기가 있어. •	• c. I didn't notice anything around me.
4. 난 너랑 사랑에 빠질 수 밖에 없어. •	• d. I'd like to buy you a drink.
5. 널 귀찮게 해서 미안해. •	• e. I have to go now.
6. 나 너한테 술 한 잔 사고 싶어. •	• f. I have something to tell you.
7. 난 내 주변의 어떤 것도 알아채지 못했어. •	• g. I have to stay up all night to finish my homework.
8. 나 이미 일을 끝마쳤어. •	• h. I'm sorry to bother you.

정답: 1/e, 2/g, 3/f, 4/b, 5/h, 6/d, 7/c, 8/a

091 I've just p.p(과거분사). 나 이제 막 ____했어.

092 But the thing is, 문장. 하지만 문제는/중요한 건/사실, ____하는 거야.

093 It's because 문장. 그건 ____라서 그런 거야.

094 Have you ever p.p(과거분사)? 너 ____해본 적 있어?

095 I've never p.p(과거분사). 나 한번도 ____해본 적 없어.

096 Do you think 문장? 넌 ____라고 생각해?

097 How long have you been 동사-ing? 얼마나 오래 (지금까지) ____해왔나요?

098 I've been 동사-ing for 기간. 저는 ____ 동안 ____해오고 있습니다.

099 I don't think 문장. 저는 ____하지 않다고 생각해요.

100 What about 명사/동사-ing? ____는 어떤가요(어떻게 되는 건가요)?

1. 나 이제 막 부산에 도착했어.　·

2. 이건 내가 널 사랑하고 신경 써서
　　그런 거야.　·

3. 너 유럽에 가본 적 있어?　·

4. 나 그의 집에 가본 적이 없어.　·

5. 얼마나 오래 영어를 공부했니?　·

6. 나 10년 동안 담배를 피웠어.　·

7. 전 제가 이걸 내일까지 끝마칠 수
　　없을 거라고 봐요.　·

8. 소풍 가는 거 어때?　·

　·　a. Have you ever been to Europe?

　·　b. I've never been to his house.

　·　c. It's because I love you and care about you.

　·　d. I don't think I can finish it by tomorrow.

　·　e. I've just arrived in Busan.

　·　f. How long have you been learning English?

　·　g. I've been smoking for 10 years.

　·　h. What about going on a picnic?

정답: 1/e, 2/c, 3/a, 4/b, 5/f, 6/g, 7/d, 8/h

101 A is 비교급형용사 than B. A는 B보다 더 _____합니다.

102 A is 비교급형용사 than I expected. A는 제가 예상했던 것보다 더 _____합니다.

103 A is 비교급형용사 than any other B. A는 그 어떤 다른 B보다 더 _____합니다.

104 That's why 문장. 그래서 바로 _____인 겁니다.

105 I don't know how to 동사. 전 어떻게 _____해야 할지 모르겠습니다.

106 명사 is as 형용사 as I expected. _____는 제 기대만큼 _____합니다.

107 명사 is not as 형용사 as I expected. _____는 제 기대만큼 _____하지 못합니다.

108 I will 동사 as soon as possible. 최대한 빨리 _____하도록 하겠습니다.

109 You look like 명사/문장. 너 _____인 것처럼 보여.

110 It sounds like 문장. _____인 것 같아.

1. 네가 나보다 낫다. •

2. 거실이 제 예상보다 작네요. •

3. 그래서 내가 널 못 믿어. •

4. 이걸 어떻게 사용하는지 몰라. •

5. 날씨가 제 기대만큼 안 좋네요. •

6. 최대한 빨리 돌아갈게요. •

7. 너 영화배우처럼 보여. •

8. 그녀는 네게 푹 빠진 거 같아. •

• a. It sounds like she is really into you.

• b. I don't know how to use it.

• c. That's why I don't trust you.

• d. You're better than me.

• e. The weather is not as fine as I expected.

• f. I'll be back as soon as possible.

• g. The living room is smaller than I expected.

• h. You look like a movie star.

정답: 1/d, 2/g, 3/c, 4/b, 5/e, 6/f, 7/h, 8/a

111 **명사 smells 형용사.** _____가 _____한 냄새가 나.

112 **Do I look 형용사? / Do I look like 명사/문장?**
나 _____해 보여? / 나 _____인 것처럼 보여?

113 **How long have you p.p(과거분사)?** 얼마나 오래 _____한 건가요?

114 **You surely 동사.** 당신은 확실히 _____하군요.

115 **It's no wonder (that) 문장.** _____하다는 게 놀랄 일도 아니죠(당연하죠).

116 **Until 명사/문장, by 명사** _____까지

117 **It is such 형용사+명사.** 정말이지 (형용사)한 (명사)로군요.

118 **It is so 형용사.** 이건 정말 _____하네요.

119 **It is so 형용사 that 문장.** 이건 정말 (형용사)해서 (문장)해요.

120 **I once 과거동사.** 전 한 때(한 번은) _____했었어요(였었어요).

1. 이 꽃 정말 좋은 냄새가 나. •

2. 나 괜찮아 보여? •

3. 얼마나 오래 여기 산 거야? •

4. 그가 모든 과목에서 낙제한
   건 당연한 일이야. •

5. 너 2시까지 여기 도착해야 돼. •

6. 정말이지 아름다운 곳이야. •

7. 이건 정말이지 역겨운데. •

8. 난 한 때 Joshua랑 사귀었어. •

• a. I once went out with Joshua.

• b. How long have you lived here?

• c. It is no wonder he has failed all his classes.

• d. Do I look good?

• e. This flower smells so nice.

• f. It is so disgusting.

• g. You should get here by 2 p.m.

• h. It is such a beautiful place.

정답: 1/e, 2/d, 3/b, 4/c, 5/g, 6/h, 7/f, 8/a

Chapter 4

이야기로 배우는 하루 10분 영어회화, 그 네 번째

Leo, 마침내
꿈을 찾아 떠나다

31 Leo, 중소기업 일자리 제안 받다.

퇴사 후 배낭여행을 마치고 돌아온 Leo에게 친구 Mark가 꽤 괜찮은 보수의 중소기업 정규직 자리 하나를 소개해주고 있습니다. 처음엔 관심을 보이지 않던 Leo가 "보수가 괜찮다"는 말에 다시금 마음이 흔들리는데요. 돈 때문에 직업을 택하고 힘들게 일하다 그만 뒀던 Leo가 일의 내용이 뭔지도 모른 채 다시금 돈 때문에 직업을 택하려는 게 사뭇 씁쓸합니다. 하지만 먹고 살기 팍팍한 요즘, 거부하기 힘든 달콤한 조건이 바로 "돈"이 아닐까 싶습니다. 오늘 이 시간엔 Leo와 Mark의 대화를 통해 "비록 ~일지라도, ~해. / ~이긴 한 것 같지만, ~해."와 같은 회화 패턴을 배워보도록 하겠습니다.

오늘의 핵심 패턴 & 문법 포인트

- **Even though** ___문장A___ , ___문장B___ .

  비록 _(문장A)_ 일지라도, _(문장B)_ 해.

- **It seems like** ___명사 or 문장___ .

  _____인 것처럼 보여.

- ___문장A___ , **though** ___문장B___ .

  (문장B) 이긴 한 것 같지만, _(문장A)_ 해.

- ___문장___ **though.**

  그래도(어쨌든) _____이긴 하지만. (_____이긴 한데 말이지.)

Leo

How's your new job?

새로운 직장은 어때?

 Mark

Even though it's a small company,
I got paid a lot. I love it.

작은 회사긴 하지만, 돈을 많이 받아. 맘에 들어.

 Leo

I envy you. I'm between jobs right now.

부럽다. 난 지금 구직 중이라서.

 Mark

Really? What a coincidence. We have a full-time
position available. Interested?

정말? 이거 우연이네.
우리 정규직 자리가 하나 남아있거든. 관심 있어?

 Leo

I'm not interested,
though it seems like a good chance.

좋은 기회인 것 같긴 한데, 난 관심 없어.

 Mark

It's a high paying job **though**.

그래도 고소득 직종이긴 한데.

 Leo

Is it right? Now I'm interested.

그래? 이젠 좀 관심이 생기는데.

 Mark

Here's my business card. Give me a call anytime.

여기 내 명함이야. 언제든 내게 전화하라구.

Vocabulary & Expressions 엿보기

get paid a lot 돈을 많이 받다   **envy** 부러워하다   **between jobs** 구직 중인   **interested** 관심 있는
high paying job 고소득 직종   **business card** 명함

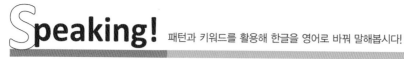

 Even though 문장A , 문장B .

> it's raining 비가 오고 있다   outside 밖에   go on a picnic 소풍을 가다

비록 네가 날 안 좋아할지라도, 나는 너를 좋아해.
▶ **Even though** you don't like me, I like you.

비록 밖에 비가 내리고 있지만, 난 소풍 가고 싶어.
▶ **Even though** it's raining outside, I want to go on a picnic.

 It seems like 명사 or 문장 .

> an emergency 비상상황   don't(doesn't) care 신경 쓰지 않다

비상상황인 것처럼 보이는데.
그는 신경 안 쓰는 것처럼 보여.
너 그를 정말 좋아하는 것 같아.

▶ **It seems like** an emergency.
▶ **It seems like** he doesn't care.
▶ **It seems like** you really like him.

 문장A , **though** 문장B .

> may be ~ ~일지 모른다   true 사실   I'm not sure 확신할 수 없다
> get fired 해고 당하다 (과거형: got fired 해고 당했다)

확신할 수 없긴 하지만, 그 소식은 사실일지 몰라.
▶ The news may be true, **though** I am not sure.

해고당하긴 했지만, 난 신경 안 써.
▶ I don't care, **though** I got fired.

 문장 **though.**

> I'm not going to ~ ~하지 않을 거다   fabulous 멋진   look(s) ~ ~해 보인다

어쨌든 난 그걸 안 쓸 거야.
아무튼 이건 멋진 파티였긴 해.
그래도 그녀는 정말 행복해 보여.

▶ I'm not going to use it **though**.
▶ This was a fabulous party **though**.
▶ She looks really happy **though**.

 **riting!** 틈나는 시간을 활용해 문장을 써보는 연습도 해봅시다!

- 비록 밖에 비가 내리고 있지만, 난 소풍 가고 싶어.

  🖊 _____

- 비록 네가 날 안 좋아할지라도, 나는 너를 좋아해.

  🖊 _____

- 해고당하긴 했지만, 난 신경 안 써.

  🖊 _____

- 확신할 수 없긴 하지만, 그 소식은 사실일지 몰라.

  🖊 _____

- 너 그를 정말 좋아하는 것 같아.

  🖊 _____

- 비상상황인 것처럼 보이는데.

  🖊 _____

- 그는 신경 안 쓰는 것처럼 보여.

  🖊 _____

- 어쨌든 난 그걸 안 쓸 거야.

  🖊 _____

- 아무튼 이건 멋진 파티였긴 해.

  🖊 _____

- 그래도 그녀는 정말 행복해 보여.

  🖊 _____

Do It Yourself!   외국인과 스스로 대화를 나눠봅시다! 093

옆에 있는 QR코드를 휴대폰으로 스캔하게 되면, 외국인의 말이 음성으로 나오게 됩니다. 외국인의 말을 듣고 난 후, 배웠던 표현을 활용하여 외국인의 말에 맞장구를 쳐주면 됩니다. 자, 준비 되셨나요? 그럼 시작해봅시다. Let's go!

1. Forget about the picnic. It's raining. 소풍은 그만 잊어버려. 지금 비 와.
2. I heard that you got fired. Are you ok? 너 해고됐다고 들었어. 너 괜찮아?
3. I just want to be friends with him. 난 단지 걔랑 친구가 되고 싶을 뿐이야.

32 / 결혼의 꿈

한 때 결혼하고 싶다던 Crystal의 말에 아직 준비가 안 됐다며 주춤하던 Leo, 이젠 결혼을 통해 안정적인 삶을 꾸리고 싶은가 봅니다. 결혼하자는 Leo의 말에 행복해하며 달콤한 상상을 하던 Crystal, 하지만 Leo가 옮긴 직장이 중소기업이라는 말에 왠지 모를 실망감을 표합니다. 결혼이라는 건 등급을 매긴 상품을 고르는 게 아닌, 옆에 있기만 해도 행복한 그런 사람과 하는 것이란 걸 Crystal이 알길 바랍니다. 오늘 이 시간엔 Leo와 Crystal의 대화를 통해 "만약 ~했었다면 어땠을까? / 만약 ~한다면 어쩌지? / 만약 ~라면, 난 ~할 거야."와 같은 회화 패턴을 배워보도록 하겠습니다.

오늘의 핵심 패턴 & 문법 포인트

• **What if** <u> 과거시제 문장 </u>**?**

　만약 _____했었다면 어땠을까?

• **What if** <u> 현재시제 문장 </u>**?**

　만약 _____한다면 어쩌지?

• **If** <u> 현재시제 문장 </u>**, I will** <u> 동사 </u>**.**

　만약 _____라면, 난 _____할 거야.

• **I'm** <u> 형용사 </u>**, just thinking of it.**

　그걸 생각하는 것만으로도 난 _____해.

Leo

Honey, **what if** we were married now?

자기야, 우리가 결혼했었다면 지금 어떨 거 같아?

Crystal

You're thinking about getting married
eventually, right? Oh, I'm so happy.

자기 드디어 결혼에 대해 생각해보고 있구나,
맞지? 나 너무 기뻐.

Leo

Yes, **if** we marry, **I'll** cook for you every morning.

응, 만약 결혼하면, 나 매일 아침 자길 위해 요리할 거야.

Crystal

That's so sweet. **If we marry,**
I'll wake you up with my kiss every morning.

그거 정말 달달한 걸. 만약 우리가 결혼하면,
난 매일 아침 키스로 자길 깨워줄 거야.

Leo

What if I wake up earlier than you?

내가 자기보다 더 일찍 일어나면?

Crystal

Then you can wake me up with your kiss.

그럼 자기가 키스로 날 깨워주면 되지.

Leo

I'm so happy, **just thinking of it**.
And I got a job. It's a small company though.

생각만으로도 행복해. 그리고 작은 회사긴 한데, 나 취직했어.

Crystal

A small company? Hmm…

작은 회사? 흠…

Vocabulary & Expressions 엿보기

get married 결혼하다   **eventually** 마침내   **every morning** 매일 아침
wake someone up ~을 깨우다   **earlier** 더 먼저, 더 일찍   **get a job** 취직하다

125 **What if** <u>과거시제 문장</u> **?**

> know the future 미래를 알다   meet you 너를 만나다   do it again 그걸 또 하다
> (위 동사의 과거형: know 〉 knew / meet 〉 met / do 〉 did)

내가 미래를 알았었다면 어땠을까?
내가 널 못 만났다면 어땠을까?
그가 또 그랬다면 어땠을까?

▶ **What if** I knew the future?
▶ **What if** I didn't meet you?
▶ **What if** he did it again?

 126 **What if** <u>현재시제 문장</u> **?**

> right 맞는   change one's mind ~의 마음을 바꾸다   show up 나타나다

그가 맞는다면 어쩌지?
그녀가 마음을 바꾸면 어쩌지?
그가 나타나지 않으면 어쩌지?

▶ **What if** he is right?
▶ **What if** she changes her mind?
▶ **What if** he never shows up?

 127 **If** <u>현재시제 문장</u> **, I will** <u>동사</u> **.**

> treat someone ~에게 사주다   this time/next time 이번에/다음에
> talk behind one's back ~의 험담을 하다   do the same 똑같이 하다

네가 이번에 나한테 사면, 내가 다음에 너한테 살게.
▶ **If** you treat me this time, **I will** treat you next time.

네가 뒤에서 내 험담하면, 나도 똑같이 해버릴 거야.
▶ **If** you talk behind my back, **I will** do the same.

그녀의 전화번호를 원한다면, 내가 너한테 알려줄게.
▶ **If** you want her number, **I will** give it to you.

 128 **I'm** <u>형용사</u> **, just thinking of it.**

> excited 신나는   nervous 긴장되는   scared 무서운, 겁나는

생각만으로도 너무 신나.
생각만으로도 너무 긴장돼.
생각만으로도 너무 무서워.

▶ **I'm** so excited, **just thinking of it.**
▶ **I'm** so nervous, **just thinking of it.**
▶ **I'm** so scared, **just thinking of it.**

riting! 틈나는 시간을 활용해 문장을 써보는 연습도 해봅시다!

- 그가 맞는다면 어쩌지?
  ✎ _____

- 그녀가 마음을 바꾸면 어쩌지?
  ✎ _____

- 그가 나타나지 않으면 어쩌지?
  ✎ _____

- 내가 미래를 알았었다면 어땠을까?
  ✎ _____

- 내가 널 못 만났다면 어땠을까?
  ✎ _____

- 네가 이번에 나한테 사면, 내가 다음에 너한테 살게.
  ✎ _____

- 네가 뒤에서 내 험담하면, 나도 똑같이 해버릴 거야.
  ✎ _____

- 그녀의 전화번호를 원한다면, 내가 너한테 알려줄게.
  ✎ _____

- 생각만으로도 너무 신나.
  ✎ _____

- 생각만으로도 너무 긴장돼.
  ✎ _____

Do It Yourself! 외국인과 스스로 대화를 나눠봅시다! 🎧 096

옆에 있는 QR코드를 휴대폰으로 스캔하게 되면, 외국인의 말이 음성으로 나오게 됩니다. 외국인의 말을 듣고 난 후, 배웠던 표현을 활용하여 외국인의 말에 맞장구를 쳐주면 됩니다. 자, 준비 되셨나요? 그럼 시작해봅시다. Let's go!

1. I thought he was wrong. But now … 난 그가 틀렸다고 생각했어. 하지만 지금은…
2. I'd love to treat you this time. 이번엔 내가 너한테 사고 싶어.
3. Let's go to Hawaii during the summer vacation! Are you excited?
   이번 여름 휴가 동안엔 하와이에 가자! 신나지?

33

Leo, 여친에게 차이다.

Crystal과의 결혼을 꿈꾸던 Leo, 결국 중소기업을 다니는 미래가 불투명한 남자와 결혼할 수 없다는 말을 들으며 차이고 맙니다. 그래도 한 때 사랑했던 남자를 어떻게 이렇게 냉정하게 찰 수 있는지, Crystal, 정말 무섭네요. 세상의 많은 연인 들이 열렬히 사랑하다가도 이런 현실적인 문제로 헤어지게 되는 일이 왕왕 있습니다. 하지만, 진정한 사랑은 정말 힘들고 아플 때, 그 옆에 있어줄 수 있는 것이 아닐까요? 오늘 이 시간엔 Leo와 Crystal의 대화를 통해 "내가 왜 ~해야만 하는 데? / 네가 어떻게 ~할 수 있어? / 내가 너라면 난 ~했을 거야."와 같은 회화 패턴을 배워보도록 하겠습니다.

오늘의 핵심 패턴 & 문법 포인트

- **Why should I have to** ___동사___ **?**

  내가 왜 _____해야만 하는데?

- **How could you** ___동사___ **?**

  네가 어떻게 _____할 수 있어?

- **If I were you, I would(I'd)** ___동사___ **.**

  내가 너라면, 난 _____했을 거야.

- **If I were you, I wouldn't** ___동사___ **.**

  내가 너라면, 난 _____하지 않았을 거야.

Leo, I'm breaking up with you.

Leo, 나 자기랑 헤어지려고 해.

What? **I wouldn't** make that kind of joke.

뭐? 나라면 그런 농담은 안 할 거야.

I'm serious. **Why should I** have to marry
a poor man with no future?

나 진지해. 내가 왜 미래도 없는 가난한 남자랑
결혼해야만 하는데?

How… **how could you** say that to me?

어떻게… 어떻게 나한테 그렇게 말할 수 있어?

If I were you, I'd say nothing and just leave.

내가 자기라면, 아무 말 않고 그냥 떠나겠어.

This is not like you.
What's happening to you?

자기 같지가 않아. 대체 무슨 일이 있는 거야?

To be honest with you, I'm dating a rich guy.

솔직히 말하면, 나 돈 많은 남자랑 사귀고 있어.

You can't do this to me! Honey, wait, wait!

네가 나한테 이럴 순 없어! 자기야, 잠깐, 잠깐만!

Vocabulary & Expressions 엿보기

break up with ~ ~와 헤어지다   **make joke** 농담을 하다   **a poor man** 가난한 남자
with no future 미래가 없는   **leave** 떠나다   **a rich guy** 돈 많은(부자인) 남자

 129 **Why should I have to 동사 ?**

> let someone in ~을 들어오게 하다   say sorry 미안하다고 하다

내가 왜 널 들어오게 해야 되는데? ▶ **Why should I have to** let you in?

내가 왜 그를 도와야 하는데? ▶ **Why should I have to** help him?

내가 왜 미안하다고 해야 되는데? ▶ **Why should I have to** say sorry?

130 **How could you 동사 ?**

> do this to me 내게 이런 일을 하다   talk like this 그렇게 말하다
> cheat on someone ~을 상대로 바람을 피우다

어떻게 내게 이런 짓을 해? ▶ **How could you** do this to me?

어떻게 그렇게 말할 수가 있어? ▶ **How could you** talk like this?

어떻게 바람을 피울 수가 있어? ▶ **How could you** cheat on me?

131 **If I were you, I would(I'd) 동사 .**

> ignore someone ~을 무시하다   accept 수락하다   the invitation 초대(장)

내가 너라면, 난 그냥 그들을 무시했을 거야.
▶ **If I were you, I would** just ignore them.

내가 너라면, 난 그 초대를 수락했을 거야.
▶ **If I were you, I would** accept the invitation.

 132 **If I were you, I wouldn't 동사 .**

> do such a thing 그런 일(것)을 하다   give up 포기하다

내가 너라면, 난 그런 건 안 했을 거야.
▶ **If I were you, I wouldn't** do such a thing.

내가 너라면, 난 그저 포기하진 않았을 거야.
▶ **If I were you, I wouldn't** just give up.

 **riting!** 틈나는 시간을 활용해 문장을 써보는 연습도 해봅시다!

- 내가 왜 미안하다고 해야 되는데?
  ✎ _____

- 내가 왜 널 들어오게 해야 되는데?
  ✎ _____

- 내가 왜 그를 도와야 하는데?
  ✎ _____

- 어떻게 내게 이런 짓을 해?
  ✎ _____

- 어떻게 그렇게 말할 수가 있어?
  ✎ _____

- 어떻게 바람을 피울 수가 있어?
  ✎ _____

- 내가 너라면, 난 그냥 그들을 무시했을 거야.
  ✎ _____

- 내가 너라면, 난 그 초대를 수락했을 거야.
  ✎ _____

- 내가 너라면, 난 그런 건 안 했을 거야.
  ✎ _____

- 내가 너라면, 난 그저 포기하진 않았을 거야.
  ✎ _____

Do It Yourself! 외국인과 스스로 대화를 나눠봅시다! 🎧 099

옆에 있는 QR코드를 휴대폰으로 스캔하게 되면, 외국인의 말이 음성으로 나오게 됩니다. 외국인의 말을 듣고 난 후, 배웠던 표현을 활용하여 외국인의 말에 맞장구를 쳐주면 됩니다. 자, 준비 되셨나요? 그럼 시작해봅시다. Let's go!

1. Why don't you just say you're sorry? 그냥 미안하다고 말하는 게 어때?
2. Sorry, I didn't mean to do that. 미안해, 고의로 그런 건 아니었어.
3. They are so annoying! They always ignore me. 걔들 정말 짜증나! 걔들은 항상 날 무시한다고.

UNIT 34 아버지와의 속 깊은 대화

Crystal과의 결별에 낙심한 Leo, 아버지를 찾아가 속 싶은 얘기를 허심탄회하게 털어놓습니다. 헤어진 여자친구 얘기에 꼬리를 물고 나온 회사 퇴직 이야기에, 아버지는 오히려 잘했다며 Leo의 사기를 북돋아 줍니다. 자유인이 된 Leo에게 아버지는 자신이 좋아하는 꿈을 따라 살아갈 것을 말합니다. 이 같은 아버지와의 속 깊은 대화를 통해 Leo는 삶에 대한 의욕과 희망을 다시 찾게 되는데요. 오늘 이 시간엔 Leo와 Leo의 아버지의 대화를 통해 "네 말은, ~를 말하는 거니? / 내 말은, ~를 말하는 거야. / ~하는 걸 잊지 말도록 해라."와 같은 회화 패턴을 배워보도록 하겠습니다.

오늘의 핵심 패턴 & 문법 포인트

- **You mean, _명사 or 문장_ ?**

  네 말은, _____를 말하는 거니?

- **I meant, _명사 or 문장_ .**

  내 말은, _____를 말하는 거야.

- **Don't forget _명사 / to 동사_ .**

  (명사) 를 / (동사) 하는 걸 잊지 말도록 해라.

- **Don't be enslaved by _명사_ .**

  _____의 노예가 되지 말도록 해라.

Conversation!

🎧 100 QR코드를 스캔하면 아래 대화의 MP3가 재생됩니다!

Leo

Dad, I broke up with my girlfriend.

아버지, 저 여자친구하고 헤어졌어요.

Joshua

Really? **You mean**, the one who is tall?

정말이냐? 그 키가 큰 애를 말하는 거냐?

Leo

No, **I meant** the short one who has a nice smile.

아뇨, 미소가 예뻤던 키가 작은 애를 말하는 거예요.

Joshua

Oh, **you mean** Crystal, right?
Now I remember.

아, Crystal을 말하는 거로구나. 이젠 기억나는구나.

Leo

To make matters worse, I quit my job, too.

설상가상으로, 저 직장도 그만뒀어요.

Joshua

Good job, attaboy! Now you're a free man.

잘했어, 장하다! 이제야 네가 자유인이 됐구나.

Leo

What? What are you talking about?

네? 무슨 말씀을 하시는 거예요?

Joshua

Son, you have your own dreams.
Don't forget that. **Don't be enslaved by** work.

내 아들, 넌 너만의 꿈이 있잖니.
그걸 잊지 말렴. 일의 노예가 되지 말란 얘기다.

Vocabulary & Expressions 엿보기

break up with ~ ~와 헤어지다 **has a nice smile** 밝은 미소를 지니다
to make matters worse 설상가상으로 **quit one's job** 직장을 관두다 **attaboy** 장하다
have one's own dream ~만의 꿈이 있다

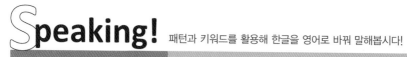
133 **You mean,** 명사 or 문장 **?**

> guy ~ing ~하고 있는 남자   stand in front of ~ ~의 앞에 서 있다
> building 건물   break up with someone ~와 헤어지다

네 말은, 건물 앞에 서 있는 남자를 말하는 거야?
▶ **You mean,** the guy standing in front of the building?

네 말은, 나랑 헤어지고 싶다는 거야?
▶ **You mean,** you want to break up with me?

134 **I meant,** 명사 or 문장 **.**

> the one who ~ ~하고 있는 사람   sit on a bench 벤치에 앉다
> don't have to ~ ~할 필요 없다   worry about little things 작은 것들을 걱정하다

내 말은, 벤치에 앉아 있는 사람을 말하는 거야.
▶ **I meant,** the one who is sitting on a bench.

내 말은, 넌 작은 것들에 대해 걱정할 필요가 없다는 거야.
▶ **I meant,** you don't have to worry about little things.

135 **Don't forget** 명사 / to 동사 **.**

> a present for me 내 선물   what I told you 너한테 했던 말   a copy 복사본

내 선물 잊지마!
내가 너한테 했던 말 잊지마.
나한테 복사본 보내는 거 잊지마.

▶ **Don't forget** a present for me!
▶ **Don't forget** what I told you.
▶ **Don't forget** to send me a copy.

136 **Don't be enslaved by** 명사 **.**

> money 돈   fame 명성, 명예   food 음식

돈의 노예가 되지 말도록 해.
명예의 노예가 되지 말도록 해.
음식의 노예가 되지 말도록 해.

▶ **Don't be enslaved by** money.
▶ **Don't be enslaved by** fame.
▶ **Don't be enslaved by** food.

Writing! 틈나는 시간을 활용해 문장을 써보는 연습도 해봅시다!

- 내 말은, 벤치에 앉아 있는 사람을 말하는 거야.
  🖉 _____

- 네 말은, 건물 앞에 서 있는 남자를 말하는 거야?
  🖉 _____

- 네 말은, 나랑 헤어지고 싶다는 거야?
  🖉 _____

- 내 말은, 넌 작은 것들에 대해 걱정할 필요가 없다는 거야.
  🖉 _____

- 돈의 노예가 되지 말도록 해.
  🖉 _____

- 명예의 노예가 되지 말도록 해.
  🖉 _____

- 음식의 노예가 되지 말도록 해.
  🖉 _____

- 내 선물 잊지마!
  🖉 _____

- 내가 너한테 했던 말 잊지마.
  🖉 _____

- 나한테 복사본 보내는 거 잊지마.
  🖉 _____

Do It Yourself! 외국인과 스스로 대화를 나눠봅시다! 102

옆에 있는 QR코드를 휴대폰으로 스캔하게 되면, 외국인의 말이 음성으로 나오게 됩니다. 외국인의 말을 듣고 난 후, 배웠던 표현을 활용하여 외국인의 말에 맞장구를 쳐주면 됩니다. 자, 준비 되셨나요? 그럼 시작해봅시다. Let's go!

1. Who? Who do you mean? 누구? 누구를 말하는 건데?
2. I think we're too different from each other. Sorry. 우린 서로 너무 달라. 미안해.
3. Money talks! I can do everything with money. 돈이 곧 힘이야! 돈이면 뭐든지 할 수 있다고.

U N I T
35 나의 꿈, 나의 포부

아버지와의 속 깊은 대화 후 비로소 자신이 원하는 것이 무엇인지를 찾은 Leo, 그는 자신의 어머니에게 본인의 꿈이 바로
전세계를 여행하며 불쌍한 이들을 돕는 것임을 밝힙니다. 어머니는 그런 Leo의 선택에 함께 기뻐합니다. 그 동안 다른 이
들과 똑 같은 삶의 방향을 쫓느라 지친 Leo. 이젠 남들과 삶의 방향이 다를지라도 그것이 자신의 참된 행복이라면 주저할
필요가 없다는 것을 깨닫게 됩니다. 오늘 이 시간엔 Leo와 Leo의 어머니의 대화를 통해 "왜 ~인지 이유를 몰랐어요. /
왜 ~인지 이해할 수 없었어요. / 왜 ~인지 모르겠어요."와 같은 회화 패턴을 배워보도록 하겠습니다.

🔑 오늘의 핵심 패턴 & 문법 포인트

- **I don't(didn't) know the reason why** __문장__ .

  왜 _____인지 이유를 모르겠어요(몰랐어요).

- **I can't(couldn't) understand why** __문장__ .

  왜 _____인지 이해할 수 없어요(없었어요).

- **I have(had) no idea why** __문장__ .

  왜 _____인지 모르겠어요(몰랐어요).

- **Could you** __동사__ ?

  _____해줄 수 있겠니?

Leo

Mom, **I didn't know the reason why** I have to live, but now, I know.

어머니, 저 살아야만 하는 이유를 몰랐었는데, 이젠 알겠어요.

Heather

It sounds like you made a big decision.

네가 마치 큰 결심을 한 것처럼 들리는구나.

Leo

Now I know why I have to live the rest of my life.

이제 제 남은 인생을 왜 살아가야 하는지 알게 됐거든요.

Heather

Could you tell me about it Leo?

그걸 내게 말해줄 수 있겠니, Leo?

Leo

I'll travel all around the world, helping the poor.

전 불쌍한 이들을 도우며 전 세계를 여행할 거예요.

Heather

What a beautiful dream, Leo!

정말 아름다운 꿈이구나, Leo!

Leo

I can't understand why I was not brave enough to do what I want.

제가 하고픈 걸 할만한 용기가 왜 없었는지 이해가 안돼요.

Heather

Yeah, **I have no idea why** you weren't brave enough.

그래, 네가 왜 그럴만한 용기가 없었는지 모르겠구나.

Vocabulary & Expressions 엿보기

make a big decision 큰 결심을 하다   **the rest of my life** 내 남은 삶(인생)
all around the world 전세계   **the poor** 불쌍한(가난한) 이들   **brave** 용감한

137 **I don't(didn't) know the reason why** 문장 **.**

> have to ~ ~을 해야만 한다   show up 나타나다   last night 어젯밤

난 내가 왜 이걸 해야 하는지 이유를 모르겠어.
> ▶ **I don't know the reason why** I have to do this.

난 그가 어젯밤 왜 안 나타났는지 이유를 모르겠어.
> ▶ **I don't know the reason why** he didn't show up last night.

138 **I can't(couldn't) understand why** 문장 **.**

> happen 일어나다   A leave(left) B A가 B를 떠나다(떠났다)

난 왜 이런 일이 일어나고 있는지 이해할 수 없어.
> ▶ **I can't understand why** this is happening.

난 그녀가 왜 나를 떠났는지 이해할 수 없었어.
> ▶ **I couldn't understand why** she left me.

139 **I have(had) no idea why** 문장 **.**

> lose weight 살을 빼다   talk to someone ~에게 이야기하다

난 내가 왜 살을 빼야만 하는지 모르겠어.
> ▶ **I have no idea why** I have to lose weight.

난 그가 내게 왜 얘길 안 했는지 알 수 없었어.
> ▶ **I had no idea why** he didn't talk to me.

140 **Could you** 동사 **?**

> help someone out ~을 돕다   lend someone money ~에게 돈을 빌려주다
> say 말하다   again 다시   slowly 천천히   right now 지금 당장

나를 좀 도와줄 수 있어?
> ▶ **Could you** help me out?

내게 돈 좀 빌려줄 수 있어?
> ▶ **Could you** lend me some money?

좀 천천히 다시 말해줄 수 있나요?
> ▶ **Could you** say that again slowly?

너 지금 당장 여기로 올 수 있어?
> ▶ **Could you** come here right now?

riting! 틈나는 시간을 활용해 문장을 써보는 연습도 해봅시다!

- 난 그가 어젯밤 왜 안 나타났는지 이유를 모르겠어.
  ✎ _____

- 난 내가 왜 이걸 해야 하는지 이유를 모르겠어.
  ✎ _____

- 난 그녀가 왜 나를 떠났는지 이해할 수 없었어.
  ✎ _____

- 난 왜 이런 일이 일어나고 있는지 이해할 수 없어.
  ✎ _____

- 좀 천천히 다시 말해줄 수 있나요?
  ✎ _____

- 나를 좀 도와줄 수 있어?
  ✎ _____

- 내게 돈 좀 빌려줄 수 있어?
  ✎ _____

- 너 지금 당장 여기로 올 수 있어?
  ✎ _____

- 난 그가 내게 왜 얘길 안 했는지 알 수 없었어.
  ✎ _____

- 난 내가 왜 살을 빼야만 하는지 모르겠어.
  ✎ _____

Do It Yourself! 외국인과 스스로 대화를 나눠봅시다! 105

옆에 있는 QR코드를 휴대폰으로 스캔하게 되면, 외국인의 말이 음성으로 나오게 됩니다. 외국인의 말을 듣고 난 후, 배웠던 표현을 활용하여 외국인의 말에 맞장구를 쳐주면 됩니다. 자, 준비 되셨나요? 그럼 시작해봅시다. Let's go!

1. Why didn't he come last night? 걔는 어젯밤 왜 안 왔대?
2. Why did you break up with Kate? 너 Kate랑 왜 헤어진 거야?
3. Do you understand what I'm saying? 제가 뭐라고 말하는지 이해되시나요?

36 낯선 타지에서 만난 그녀, Clara

부모님께 자신의 꿈을 밝히고 아프리카로 떠난 Leo. 아프리카로 향하던 중 기내에서 한 여자를 만나게 됩니다. 그 여자는 이디오피아에서 의료 봉사를 하는 여의사 Clara. 대화를 나누던 중 두 사람은 행선지가 우연히 같다는 것을 알게 되고, Clara는 Leo에게 자신이 일하는 곳으로 봉사를 오지 않겠냐고 제안하게 됩니다. 이를 흔쾌히 받아들인 Leo, 과연 두 사람 사이엔 어떤 일이 벌어지게 될까요? 오늘 이 시간엔 Leo와 Clara의 대화를 통해 "~를 어떻게 하는지 아시나요? / ~를 어떻게 하는지 알려드릴게요. / ~하는 건 어때요?"와 같은 회화 패턴을 배워보도록 하겠습니다.

오늘의 핵심 패턴 & 문법 포인트

- **Do you know how to 동사 ?**
  _____를 어떻게 하는지 아시나요?

- **Let me tell you how to 동사 .**
  _____를 어떻게 하는지 알려드릴게요.

- **Why don't you 동사 ?**
  _____하시는 건 어때요?

- **I'm(We're) looking for 명사 .**
  저는(우리는) _____를 찾고 있어요.

Conversation! 106

QR코드를 스캔하면 아래
대화의 MP3가 재생됩니다!

 Leo

Excuse me, **do you know how to** fill out
this landing card?

실례합니다만, 입국카드를 어떻게 작성하는지 아시나요?

 Clara

Sure, **let me tell you how to** fill it out.

그럼요, 어떻게 작성하는지 알려드릴게요.

 Leo

Thank you, it seems like you've been to Africa
quite a few times.

감사합니다. 아프리카에 꽤 자주 다녀보셨던 것 같네요.

 Clara

Yeah, I'm a volunteer doctor in Ethiopia.

네, 전 이디오피아에서 의료 봉사하는 의사거든요.

 Leo

Really? I'm heading for Ethiopia for volunteering, too.

진짜요? 저 역시 봉사하러 이디오피아로 가던 중이었어요.

 Clara

Really? Then **why don't you** come with me?
We are looking for a volunteer.

정말요? 그럼 저랑 같이 가는 건 어때요?
저희가 자원봉사자를 찾고 있었거든요.

 Clara

Oh, thank you so much. My name is Leo by the way.

정말 감사 드립니다. 그나저나 제 이름은 Leo예요.

I'm Clara.

전 Clara예요.

Vocabulary & Expressions 엿보기

fill out ~ ~(서류 등을) 작성하다   landing card 입국카드   quite a few times 자주
volunteer doctor 의료 봉사하는 의사   head for ~ ~를 향해 가다

Speaking!

141 **Do you know how to 동사 ?**

> operate the copy machine 복사기를 작동시키다
> change the printer cartridge 프린터 카트리지를 교체하다

복사기를 어떻게 작동시키면 되는지 아시나요?
▶ **Do you know how to** operate the copy machine?

프린터 카트리지를 어떻게 교체하면 되는지 아시나요?
▶ **Do you know how to** change the printer cartridge?

142 **Let me tell you how to 동사 .**

> get there 거기로 가다 by subway 지하철로
> scan one's employee ID card ~의 사원증을 스캔하다(찍다)

거기까지 지하철로 어떻게 가는지 알려드릴게요.
▶ **Let me tell you how to** get there by subway.

사원증을 어떻게 찍는지 알려 드릴게요.
▶ **Let me tell you how to** scan your employee ID card.

143 **Why don't you 동사 ?**

> join ~ for a drink ~와 술 한 잔 하다   stay a little longer 좀 더 오래 머물다
> try ~ once again ~을 다시 한 번 시도하다

우리랑 술 한 잔 하는 거 어때?　　　　　 ▶ **Why don't you** join us for a drink?
좀 더 오래 머무르는 게 어때?　　　　　　 ▶ **Why don't you** stay a little longer?
이걸 다시 한 번 해보지 그래?　　　　　　 ▶ **Why don't you** try it once again?

144 **I'm(We're) looking for 명사 .**

> blue jacket 파란 재킷   a gas station 주유소   a place to sleep 머물 곳, 잘 곳

파란 재킷을 좀 찾고 있어요.　　　　 ▶ **I'm looking for** some blue jackets.
나 주유소를 찾는 중이야.　　　　　 ▶ **I'm looking for** a gas station.
우린 잘 곳을 찾고 있어요.　　　　　 ▶ **We're looking for** a place to sleep.

 **riting!** 틈나는 시간을 활용해 문장을 써보는 연습도 해봅시다!

- 사원증을 어떻게 찍는지 알려 드릴게요.

  ✎ _____

- 거기까지 지하철로 어떻게 가는지 알려드릴게요.

  ✎ _____

- 복사기를 어떻게 작동시키면 되는지 아시나요?

  ✎ _____

- 프린터 카트리지를 어떻게 교체하면 되는지 아시나요?

  ✎ _____

- 파란 재킷을 좀 찾고 있어요.

  ✎ _____

- 나 주유소를 찾는 중이야.

  ✎ _____

- 우린 잘 곳을 찾고 있어요.

  ✎ _____

- 우리랑 술 한 잔 하는 거 어때?

  ✎ _____

- 좀 더 오래 머무르는 게 어때?

  ✎ _____

- 이걸 다시 한 번 해보지 그래?

  ✎ _____

Do It Yourself! 외국인과 스스로 대화를 나눠봅시다! 🎧 108

옆에 있는 QR코드를 휴대폰으로 스캔하게 되면, 외국인의 말이 음성으로 나오게 됩니다. 외국인의 말을 듣고 난 후, 배웠던 표현을 활용하여 외국인의 말에 맞장구를 쳐주면 됩니다. 자, 준비 되셨나요? 그럼 시작해봅시다. Let's go!

1. Do you know how to scan my employee ID card? 사원증을 어떻게 찍으면 되는지 아시나요?
2. I have nothing to do tonight. 나 오늘밤 할 일이 없어.
3. What are you looking for, sir? 뭘 찾고 계시나요, 손님?

37 응급 상황

Clara와 함께 봉사활동 현장에 도착한 Leo, 현지에 채 익숙해지기도 전에 응급 상황이 터지고 맙니다. 총상을 입은 피투성이 환자가 실려오고, 이를 치료해야 하는 상황에 직면한 Leo는 어찌할 바를 몰라 당황하지만 이와 달리 Clara는 침착하게 환자의 상처를 치료합니다. 역시 의사는 뭐가 달라도 다르긴 하네요. 오늘 이 시간엔 응급상황에 처한 Leo와 Clara의 대화를 통해 "당신이 할 건 ~하는 것뿐이에요. / 제 생각에 ~할 필요가 있을 것 같아요. / 나한테 ~좀 갖다 줘요."와 같이, 상대방에게 정중히 부탁할 때 쓰이는 다양한 회화 패턴들을 배워보도록 하겠습니다.

오늘의 핵심 패턴 & 문법 포인트

- **All you have to do is (to) 　동사　.**

  당신이 할 건 _____하는 것뿐이에요.

- **I guess I need 　명사 / to 동사　.**

  제 생각에 _____가 / _____할 필요가 있을 것 같아요.

- **All I want you to do is (to) 　동사　.**

  당신이 _____만 해줬으면 좋겠어요.

- **Please get me 　명사　.**

  나한테 _____좀 갖다 줘요.

QR코드를 스캔하면 아래
대화의 MP3가 재생됩니다!

Clara

This guy was shot by a gun.
All you have to do is to keep pressing his wound.

이 남자 총에 맞았어요.
당신은 이 상처만 누르고 있으면 돼요.

Leo

Like this? **I guess I need** more bandages.

이렇게요? 제 생각엔 붕대가 더 필요할 거 같아요.

Clara

I will go and get some. Hold on!

제가 가서 좀 가져올게요. 기다려요!

Leo

I have to know why he's still bleeding!!!

왜 아직도 피를 흘리는 건지 모르겠어요!!!

Clara

Leo, **all I want you to do is to** just shut up!
I'm going to stitch the wound first.

Leo씨, 당신이 입만 좀 다물었으면 좋겠어요!
제가 우선 상처를 봉합하도록 할게요.

Leo

Oh, sorry.

아, 미안해요.

Clara

Leo, **please get me** some clean water.

Leo씨, 깨끗한 물 좀 가져다 줄래요.

Leo

I got it. Is that all you need? Anything else?

알겠어요. 그게 필요한 전부예요? 다른 건요?

Vocabulary & Expressions 엿보기

be shot by a gun 총에 맞다　**keep ~ing** ~하는 걸 유지하다　**press** 누르다, 압박하다
wound 상처　**bandage** 붕대　**hole on!** 기다려요!　**bleed** 피를 흘리다　**shut up** 입을 다물다
stitch 꿰매다　**I got it.** 이해했어요. 알겠어요.

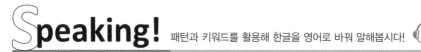
145 **All you have to do is (to) 동사 .**

> hand A over to B A를 B에게 건네다   this document 이 서류
> check 확인하다   the list of ~ ~의 명단   passenger 탑승객

당신이 할 건 이 서류를 그에게 전달하는 것뿐이에요.
> ▶ **All you have to do is (to)** hand this document over to him.

당신이 할 건 탑승객들의 명단을 확인하는 것뿐이에요.
> ▶ **All you have to do is (to)** check the list of passengers.

146 **I guess I need 명사 / to 동사 .**

> more time 좀 더 많은 시간   get a new job 새 직장을 구하다
> think about ~ ~에 대해서 생각하다

나 시간이 좀 더 필요한 것 같아.
나 새 직장을 구해야 할 것 같아.
나 이걸 생각해봐야 할 것 같아.

> ▶ **I guess I need** more time.
> ▶ **I guess I need** to get a new job.
> ▶ **I guess I need** to think about it.

147 **All I want you to do is (to) 동사 .**

> tell the truth 사실을 말하다   answer one's questions ~의 질문에 대답하다

당신이 사실만 말해줬으면 좋겠어요.
> ▶ **All I want you to do is (to)** tell the truth.

당신이 내 질문에 대답만 해줬으면 좋겠어요.
> ▶ **All I want you to do is (to)** answer my questions.

148 **Please get me 명사 .**

> a glass of water 물 한 잔   coffee 커피   ice 얼음

물 한 잔만 갖다 주세요.
커피 좀 갖다 줄래요.
얼음 좀 가져다 줄래요.

> ▶ **Please get me** a glass of water.
> ▶ **Please get me** some coffee.
> ▶ **Please get me** some ice.

Writing!

틈나는 시간을 활용해 문장을 써보는 연습도 해봅시다!

■ 당신이 할 건 이 서류를 그에게 전달하는 것뿐이에요.

✎ _____

■ 당신이 할 건 탑승객들의 명단을 확인하는 것뿐이에요.

✎ _____

■ 나 새 직장을 구해야 할 것 같아.

✎ _____

■ 나 시간이 좀 더 필요한 것 같아.

✎ _____

■ 나 이걸 생각해봐야 할 것 같아.

✎ _____

■ 물 한 잔만 갖다 주세요.

✎ _____

■ 커피 좀 갖다 줄래요.

✎ _____

■ 얼음 좀 가져다 줄래요.

✎ _____

■ 당신이 사실만 말해줬으면 좋겠어요.

✎ _____

■ 당신이 내 질문에 대답만 해줬으면 좋겠어요.

✎ _____

Do It Yourself! 외국인과 스스로 대화를 나눠봅시다! 111

옆에 있는 QR코드를 휴대폰으로 스캔하게 되면, 외국인의 말이 음성으로 나오게 됩니다. 외국인의 말을 듣고 난 후, 배웠던 표현을 활용하여 외국인의 말에 맞장구를 쳐주면 됩니다. 자, 준비 되셨나요? 그럼 시작해봅시다. Let's go!

1. Isn't there anything I could do? 제가 할 수 있는 게 뭐 없을까요?
2. It seems like you don't like your job. 너 네 일을 좋아하는 것 같지가 않아.
3. Is there anything else you need? 뭐 더 필요한 게 있으신가요?

UNIT
38

Clara, Leo 때문에 얼굴 빨개지다.

함께 봉사활동을 하며 급속도로 가까워지게 된 Leo와 Clara. Leo는 현장에서 몸을 아끼지 않고 일하는 Clara를 보며 그녀가 참 좋은 여자인 것 같다는 칭찬을 하게 되고, Clara는 이 말에 왠지 모를 두근거림을 느끼며 미묘한 감정에 휩싸이게 됩니다. 원래 맘에 있던 이성이 칭찬하면 마음이 설레기 마련이죠. 아, 정말 남녀 관계란 국경을 초월하는 듯 합니다. 과연 이 두 사람의 관계는 어떤 국면으로 접어들게 될까요? 오늘 이 시간엔 Leo와 Clara이 대화를 통해 "제가 ~라는 걸 들었어요. / ~는 ~ 동안 ~해왔어요. / ~는 ~하게 되었어요."와 같은 회화 패턴을 배워보도록 하겠습니다.

오늘의 핵심 패턴 & 문법 포인트

- **I was told that** _문장_ .

  제가 _____라는 걸 들었어요.

- _명사_ **has(have) p.p(과거분사) for** _기간_ .

  _(명사)_ 는 _(기간)_ 동안 _(p.p)_ 해왔어요.

- _명사_ **has(have) been p.p(과거분사)** .

  _(명사)_ 는 _(p.p)_ 하게 되었어요. (수동태형)

- **Did you** _동사_ ?

  당신 _____했나요?

🎧 112

QR코드를 스캔하면 아래
대화의 MP3가 재생됩니다!

Leo

I was told that you **have worked** in Ethiopia
for the past five years.

이디오피아에서 지난 5년간 일했다고 들었어요.

Clara

Yeah, times flies.

맞아요, 시간 참 빠르죠.

Leo

You know what? I think you're a good woman.

그거 알아요? 전, 당신이 참 좋은 여자란 생각이 들어요.

Clara

(Blushing)
Haha… Did, **did you** fix the door?

(얼굴이 빨개짐) 하하… 문은 고, 고쳤나요?

Leo

Of course, it **has been fixed** already. Clara, I...

당연하죠. 벌써 다 고쳤는걸요. Clara, 난…

Clara

Did, **did you** also fix the roof over there?

저기 있는 지, 지붕도 수리했나요?

Leo

Don't change the subject, Clara.

말 돌리지 말아요, Clara.

Clara

I'm… I'm just a little shy.

좀…. 좀 부끄러워서 그래요.

Vocabulary & Expressions 엿보기

past ~ years 지난 ~년   time flies 시간이 빠르게 지나간다   fix 고치다, 수리하다   roof 지붕
change the subject 주제(화제)를 바꾸다   shy 수줍은, 부끄러운

Speaking! 패턴과 키워드를 활용해 한글을 영어로 바꿔 말해봅시다! 🎧 113

149 **I was told that** 문장 .

> be promoted 승진하다   come 오다   be dead 죽다

나 그가 승진했다는 걸 들었어.

나 네가 오고 있다는 걸 들었어.

나 그가 죽었다는 걸 들었어.

▶ **I was told that** he was promoted.

▶ **I was told that** you were coming.

▶ **I was told that** he was dead.

150 명사 **has(have)** p.p(과거분사) **for** 기간 .

> work at this company 이 회사에서 일하다   live alone 혼자 살다
> run 운영하다   Japanese restaurant 일식당   almost 거의   about 약, 대략

그는 7년간 이 회사에서 일해왔어.

> ▶ He **has** worked at this company **for** seven years.

나는 거의 5년간 런던에서 혼자 살아왔어.

> ▶ I **have** lived alone in London **for** almost five years.

그녀는 약 2년간 일식당을 운영해 왔어.

> ▶ She **has** run a Japanese restaurant **for** about two years.

151 명사 **has(have) been** p.p(과거분사) .

> bus fares 버스 요금   increase 증가하다   rent 임대하다   drop 중단하다
> (위 동사의 과거분사형: increase 〉 increased, rent 〉 rented, drop 〉 dropped)

버스 요금이 인상됐대.

그 집은 임대됐습니다.

그 프로젝트는 중단됐습니다.

▶ Bus fares **have been** increased.

▶ That house **has been** rented.

▶ The project **has been** dropped.

152 **Did you** 동사 ?

> hear the news 그 소식을 듣다   check one's pocket ~의 주머니를 확인하다

너 오늘 그 소식 들었어?

너 네 주머니는 확인해봤어?

너 어젯밤 나한테 전화했었어?

▶ **Did you** hear the news today?

▶ **Did you** check your pockets?

▶ **Did you** call me last night?

 **riting!** 틈나는 시간을 활용해 문장을 써보는 연습도 해봅시다!

■ 나는 거의 5년간 런던에서 혼자 살아왔어.

✎ _____

■ 그는 7년간 이 회사에서 일해왔어.

✎ _____

■ 그 프로젝트는 중단됐습니다.

✎ _____

■ 그 집은 임대됐습니다.

✎ _____

■ 버스 요금이 인상됐대.

✎ _____

■ 너 네 주머니는 확인해봤어?

✎ _____

■ 너 오늘 그 소식 들었어?

✎ _____

■ 나 그가 승진했다는 걸 들었어.

✎ _____

■ 나 네가 오고 있다는 걸 들었어.

✎ _____

■ 나 그가 죽었다는 걸 들었어.

✎ _____

Do It Yourself! 외국인과 스스로 대화를 나눠봅시다! 🎧 114

옆에 있는 QR코드를 휴대폰으로 스캔하게 되면, 외국인의 말이 음성으로 나오게 됩니다. 외국인의 말을 듣고 난 후, 배웠던 표현을 활용하여 외국인의 말에 맞장구를 쳐주면 됩니다. 자, 준비 되셨나요? 그럼 시작해봅시다. Let's go!

1. How long have you lived in London? 넌 런던에서 얼마나 오래 살았어?
2. How's the project going? 그 프로젝트는 어떻게 진행되고 있나요?
3. I don't know where my key is. 나 내 열쇠가 어디 있는지 모르겠어.

작은 소녀를 위한 기도

봉사활동을 하던 중 흙탕물을 마시려던 아이를 발견한 Leo. 화들짝 놀라며 그 물을 못 마시게 하지만, 이 물에 무슨 문제가 있느냐며 오히려 반문하는 아이에게 Leo는 가슴이 아파옵니다. 흙탕물 대신 자신의 깨끗한 물을 건넨 뒤 이 어린 소녀를 위해 기도를 하는 Leo. 깨끗한 물을 마실 수 있는 일상 속 평범함이 이 아이에게도 찾아오길 간절히 바래봅니다. 오늘이 시간엔 Leo와 이 어린 소녀의 대화를 통해 "도대체(어째서) 왜 ~하는 건가요? / ~에 무슨 문제가 있는 거죠? / 당신은 ~해도 돼요. / 당신 왜 ~하고 있는 거죠?"와 같은 회화 패턴을 배워보도록 하겠습니다.

🔑 오늘의 핵심 패턴 & 문법 포인트

- **How come 문장 ?**

  도대체(어째서) 왜 _____하는 건가요?

- **What's wrong with 명사 ?**

  _____에 무슨 문제가 있는 거죠?

- **You can 동사 .**

  당신은 ____하면 돼요/해도 돼요/할 수 있어요.

- **Why are you 동사 ing?**

  당신 왜 ____하고 있는 거죠?

Conversation!

🎧 115

QR코드를 스캔하면 아래 대화의 MP3가 재생됩니다!

 Leo

Hey, **how come** you're drinking that murky water?

얘야, 너 어째서 그런 흙탕물을 마시고 있는 거니?

 Sherry

Why? **What's wrong with** this water?

왜요? 이 물이 뭐가 어때서요?

 Leo

Don't drink that. **You can** drink mine. It's clean.

그거 마시면 안돼. 내 걸 마셔. 이건 깨끗해.

 Sherry

Whoa! I've never seen clean water!
Thank you!

우와! 저 깨끗한 물은 본 적이 없어요! 고마워요!

 Leo

How old are you, sweetie?

넌 몇 살이니, 애기야?

 Sherry

Leo

I'm 7 years old.

저 7살이에요.

Oh, God.
May this little girl drink more clean water.

오, 하느님. 부디 이 작은 소녀가 좀 더 깨끗한 물을
마실 수 있도록 해주시옵소서.

Sherry

Hey, **why are you** cry**ing**? Are you hungry?

아저씨, 왜 울고 있어요? 배 고파요?

Vocabulary & Expressions 엿보기

murky water 흙탕물 **mine** 나의 것, 내 것 **seen** 봤다("see"의 "과거분사형")
sweetie 사랑하는 사람, 가까운 사람을 애정을 담아 부를 때 쓰는 호칭 **may ~** ~하게 해주소서
little girl 작은 소녀

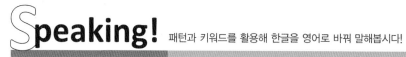

$\mathcal{S}$peaking! 패턴과 키워드를 활용해 한글을 영어로 바꿔 말해봅시다! 🎧 116

 153 **How come** 문장 ?

> call ~ ~에게 전화하다   last night 어젯밤   you two 너희 둘   fight 싸우다

너 어째서 어젯밤 나한테 전화 안 했던 거야?
▶ **How come** you didn't call me last night?

너희 둘은 어째서 항상 싸우기만 하는 거야?
▶ **How come** you two are always fighting?

 154 **What's wrong with** 명사 ?

> the car 그 차   your leg 너의 다리   your mother 너희 어머니

그 차에 무슨 문제라도 있어?   ▶ **What's wrong with** the car?
너 다리에 무슨 문제라도 있어?   ▶ **What's wrong with** your leg?
네 어머니께 무슨 문제라도 있어?   ▶ **What's wrong with** your mother?

155 **You can** 동사 .

> whatever you want 네가 원하는 뭐든   stay here 여기에 머무르다   tonight 오늘밤
> take the No.~ bus ~번 버스를 타다

넌 네가 원하는 뭐든 할 수 있어.   ▶ **You can** do whatever you want.
너 오늘밤 여기 머물러도 돼.   ▶ **You can** stay here tonight.
너 5번 버스를 타면 돼.   ▶ **You can** take the No.5 bus.

156 **Why are you** 동사 **ing?**

> look at someone ~을 쳐다보다   like that 그렇게, 그와 같이   that hat 그 모자
> wear 입다, 쓰다, 장신구 등을 착용하다

너 왜 나를 그렇게 쳐다보고 있는데?
▶ **Why are you** look**ing** at me like that?

너 왜 항상 그 모자를 쓰고 있는 거야?
▶ **Why are you** always wear**ing** that hat?

Writing!

틈나는 시간을 활용해 문장을 써보는 연습도 해봅시다!

■ 너희 둘은 어째서 항상 싸우기만 하는 거야?

✎ _____

■ 너 어째서 어젯밤 나한테 전화 안 했던 거야?

✎ _____

■ 너 오늘밤 여기 머물러도 돼.

✎ _____

■ 넌 네가 원하는 뭐든 할 수 있어.

✎ _____

■ 너 5번 버스를 타면 돼.

✎ _____

■ 너 왜 항상 그 모자를 쓰고 있는 거야?

✎ _____

■ 너 왜 나를 그렇게 쳐다보고 있는 건데?

✎ _____

■ 그 차에 무슨 문제라도 있어?

✎ _____

■ 너 다리에 무슨 문제라도 있어?

✎ _____

■ 네 어머니께 무슨 문제라도 있어?

✎ _____

Do It Yourself! 외국인과 스스로 대화를 나눠봅시다! 117

옆에 있는 QR코드를 휴대폰으로 스캔하게 되면, 외국인의 말이 음성으로 나오게 됩니다. 외국인의 말을
듣고 난 후, 배웠던 표현을 활용하여 외국인의 말에 맞장구를 쳐주면 됩니다. 자, 준비 되셨나요?
그럼 시작해봅시다. Let's go!

1. I'm sick of arguing with him. 난 이제 걔랑 싸우는 것도 지쳐.
2. Can I stay here tonight? 나 오늘밤 여기에 머물러도 돼?
3. I don't want to go anywhere without my hat. 난 내 모자 없이는 어디에도 가고 싶지 않아.

UNIT 40

새해의 결심, 인생의 결심

Leo, 새해가 됨과 동시에 커다란 결단을 내립니다. 새해의 결심이 뭐냐고 묻는 Clara에게 Leo는 새해의 결심이 아닌, "인생의 결심"을 내렸다고 말하며 자신의 남은 삶을 자신이 진정 원하는 것을 위해 살아가겠노라 말합니다. 여러분은 어떤가요? 여러분은 진정 자신이 원하는 것을 위해 살아가고 있나요? Leo의 이야기를 통해, 여러분 역시 삶에 있어 원하는 것이 있다면 용기를 내 시도해 보시기 바랍니다. 오늘 마지막 시간엔 Leo와 Clara의 대화를 통해 "전 아무런 ～도 없어요. / 뭐가 당신을 ～하게 만들었죠? / 전 ～하기로 결심했어요."와 같은 회화 패턴을 배워보도록 하겠습니다.

오늘의 핵심 패턴 & 문법 포인트

- **I don't have any ___명사___ .**
  전 아무런 _____도 없어요. (_____같은 건 없어요)

- **I have made a decision to ___동사___ .**
  전 _____하기로 결심했어요.

- **What made you ___동사___ ?**
  뭐가 당신을 ____하게 만들었죠?

- **not ___A___ , but ___B___ .**
  _(A)_ 가 아니라, _(B)_

Conversation! 118

QR코드를 스캔하면 아래 대화의 MP3가 재생됩니다!

Clara

What's your new year's resolution, Leo?

Leo씨, 당신의 새해 결심은 뭔가요?

Leo

I don't have any new year's resolution, but a new life's resolution.

새해 결심 같은 건 없지만, 새 인생의 결심은 있어요.

Clara

New life's resolution?

새 인생의 결심?

Leo

I have made a firm **decision to** help the poor in Africa.

전 아프리카에서 불쌍한 이들을 돕기로 결심했어요.

Clara

Really? **What made you** make that decision?

진짜요? 뭐가 그런 결심을 하게 만든 거죠?

Leo

Money… Fame…
These are not the meaning of my life.

돈… 명예…,… 이런 것들은 제 삶에 아무 의미도 없어요.

Clara

You're right.

당신 말이 맞아요.

Leo

I want to live my new life, **not** for myself, **but** for others.

전 제 자신이 아닌, 다른 이들을 위한 새 삶을 살 거예요.

Vocabulary & Expressions 엿보기

new year's resolution 새해 결심   make a firm decision 단호한 결정을 내리다
fame 명예   meaning of my life 내 삶의 의미   others 다른 이들

Speaking! 패턴과 키워드를 활용해 한글을 영어로 바꿔 말해봅시다! 119

157 **I don't have any 명사 .**

problem(s) 문제(들) plan(s) 계획(들) time for ~ ~을 위한 시간

난 아무 문제도 없어. ▶ **I don't have any** problems.

나 오늘밤 아무 계획도 없어. ▶ **I don't have any** plans tonight.

나 그걸 위한 시간이 하나도 없어. ▶ **I don't have any** time for that.

158 **I have made a decision to 동사 .**

quit smoking 담배를 끊다 go back to one's hometown ~의 고향으로 돌아가다

나 담배를 끊기로 결심했어.
▶ **I have made a decision to** quit smoking.

나 고향으로 돌아가기로 결심했어.
▶ **I have made a decision to** go back to my hometown.

159 **What made you 동사 ?**

cry 울다 laugh so much 많이 웃다 quit one's job 직장을 그만두다

뭐가 널 울게 한 거야? ▶ **What made you** cry?

뭐가 널 그리 많이 웃게 한 거야? ▶ **What made you** laugh so much?

뭐가 널 직장을 그만두게 한 거야? ▶ **What made you** quit your job?

160 **not A , but B .**

buy(bought) this book 이 책을 사다(샀다) my career 나의 경력

나 이 책을 그를 위해서가 아니라, 널 위해서 산 거야.
▶ I bought this book **not** for him, **but** for you.

나 돈이 아닌, 내 경력을 위해 이걸 하고 있어.
▶ I'm doing this **not** for money, **but** for my career.

# **W**riting! 틈나는 시간을 활용해 문장을 써보는 연습도 해봅시다!

■ 나 오늘밤 아무 계획도 없어.

🖉 _____

■ 나 아무 문제도 없어.

🖉 _____

■ 나 그걸 위한 시간이 하나도 없어.

🖉 _____

■ 뭐가 널 직장을 그만두게 한 거야?

🖉 _____

■ 뭐가 널 울게 한 거야?

🖉 _____

■ 뭐가 널 그리 많이 웃게 한 거야?

🖉 _____

■ 나 돈이 아닌, 내 경력을 위해 이걸 하고 있어.

🖉 _____

■ 나 이 책을 그를 위해서가 아니라, 널 위해서 산 거야.

🖉 _____

■ 나 담배를 끊기로 결심했어.

🖉 _____

■ 나 고향으로 돌아가기로 결심했어.

🖉 _____

Do It Yourself! 외국인과 스스로 대화를 나눠봅시다! 🎧 120

옆에 있는 QR코드를 휴대폰으로 스캔하게 되면, 외국인의 말이 음성으로 나오게 됩니다. 외국인의 말을 듣고 난 후, 배웠던 표현을 활용하여 외국인의 말에 맞장구를 쳐주면 됩니다. 자, 준비 되셨나요? 그럼 시작해봅시다! Let's go!

1. Do you have any plans tonight? 너 오늘밤 무슨 계획이라도 있어?
2. I quit my job a few weeks ago. 나 몇 주 전에 직장 관뒀어.
3. Are you doing this for money? 너 돈 때문에 이걸 하고 있는 거야?

앞서 배운 회화 패턴을 복습한 뒤 연습 문제를 풀어봅시다!

121 Even though 문장A, 문장B. 비록 (문장A)일지라도, (문장B)해.

122 It seems like 명사/문장. _____인 것처럼 보여.

123 문장A though 문장B. (문장B) 이긴 하지만, (문장A) 해.

124 문장 though. 그래도(어쨌든) _____이긴 하지만. (____이긴 한데 말이지.)

125 What if 과거시제 문장? 만약 _____했었다면 어땠을까?

126 What if 현재시제 문장? 만약 _____한다면 어쩌지?

127 If 현재시제 문장 I will 동사. 만약 ____하면, 난 ____할 거야.

128 I'm 형용사, just thinking of it. 그걸 생각하는 것만으로도 난 _____해.

129 Why should I have to 동사? 내가 왜 _____해야만 하는데?

130 How could you 동사? 네가 어떻게 ____할 수 있어?

1. 너 걜 정말 좋아하는 것 같아. •	• a. I'm so happy, just thinking of it.
2. 해고당했지만, 난 신경 안 써. •	• b. Why should I have to help him?
3. 아무튼 그녀는 행복해 보여. •	• c. What if he never shows up?
4. 널 못 만났다면 어땠을까? •	• d. She looks really happy though.
5. 그가 나타나지 않으면 어쩌지? •	• e. I don't care, though I got fired.
6. 생각만으로도 너무 행복해. •	• f. It seems like you really like him
7. 내가 왜 그를 도와야만 하는데? •	• g. What if I didn't meet you?
8. 어떻게 내게 이런 짓을 해? •	• h. How could you do this to me?

정답: 1/f, 2/e, 3/d, 4/g, 5/c, 6/a, 7/b, 8/h

131 **If I were you, I would 동사.** 내가 너라면, 난 _____했을 거야.

132 **If I were you, I wouldn't 동사.** 내가 너라면, 난 _____하지 않았을 거야.

133 **You mean, 명사/문장?** 네 말은, _____를 말하는 거니?

134 **I meant, 명사/문장.** 내 말은 _____를 말하는 거야.

135 **Don't forget 명사/to동사.** _____를 / _____하는 걸 잊지 말도록 해라.

136 **Don't be enslaved by 명사.** _____의 노예가 되지 말도록 해라.

137 **I don't know the reason why 문장.** 왜 _____인지 이유를 모르겠어요.

138 **I can't understand why 문장.** 왜 _____인지 이해할 수 없어요.

139 **I have no idea why 명사.** 왜 _____인지 모르겠어요.

140 **Could you 동사?** _____해줄 수 있겠니?

---

1. 내가 너라면, 난 그저 포기하진 않았을 거야. •

2. 네 말은, 나랑 헤어지고 싶다는 거야? •

3. 내가 네게 했던 말 잊지 마. •

4. 돈의 노예가 되지 말도록 해. •

5. 난 내가 이걸 왜 해야 하는지 모르겠어. •

6. 난 그녀가 왜 나를 떠났는지 이해할 수 없어. •

7. 난 그가 내게 왜 얘길 안 했는지 알 수 없었어. •

8. 나 좀 도와줄 수 있어? •

• a. I don't know the reason why I have to do this.

• b. Could you help me out?

• c. Don't be enslaved by money.

• d I had no idea why he didn't talk to me.

• e. If I were you, I wouldn't just give up.

• f. Don't forget what I told you.

• g. You mean, you want to break up with me?

• h. I couldn't understand why she left me.

정답: 1/e, 2/g, 3/f, 4/c, 5/a, 6/h, 7/d, 8/b

141 **Do you know how to 동사?** ____를 어떻게 하는지 아시나요?

142 **Let me tell you how to 동사.** ____를 어떻게 하는지 알려드릴게요.

143 **Why don't you 동사?** ____하시는 건 어때요?

144 **I'm(We're) looking for 명사.** 저는(우리는) ____를 찾고 있어요.

145 **All you have to do is (to) 동사.** 당신이 할 건 ____하는 것뿐이에요.

146 **I guess I need 명사/to동사.** 제 생각에 ____가 / ____할 필요가 있을 것 같아요.

147 **All I want you to do is (to) 동사.** 당신이 ____만 해줬으면 좋겠어요.

148 **Please get me 명사.** 나한테 ____ 좀 갖다줘요.

149 **I was told that 문장.** 제가 ____라는 걸 들었어요.

150 **명사 has(have) p.p(과거분사) for 기간.** (명사)는 (기간)동안 (p.p)해왔어요.

---

1. 거기까지 지하철로 어떻게 가는지
   알려드릴게요.   •

2. 우리랑 술 한 잔 어때?   •

3. 나 주유소를 찾는 중이야.   •

4. 나 시간이 좀 더 필요한 듯해.   •

5. 당신이 사실만 말해줬음 해요.   •

6. 커피 좀 갖다 줄래요.   •

7. 나 그가 죽었다는 걸 들었어.   •

8. 그는 7년간 이 회사에서 일해왔어.   •

  • a. All I want you to do is (to) tell the truth.

  • b. Please get me some coffee.

  • c. I guess I need more time.

  • d. I'm looking for a gas station.

  • e. Let me tell you how to get there by subway.

  • f. I was told that he was dead.

  • g. Why don't you join us for a drink?

  • h. He has worked at this company for seven years.

정답: 1/e, 2/g, 3/d, 4/c, 5/a, 6/b, 7/f, 8/h

151 **명사 has(have) been p.p(과거분사).** (명사)는 (p.p)하게 되었어요.

152 **Did you 동사?** 당신 ____했나요?

153 **How come 문장?** 도대체(어째서) 왜 ____하는 건가요?

154 **What's wrong with 명사?** ____에 무슨 문제가 있는 거죠?

155 **You can 동사.** 당신은 ____하면 돼요/해도 돼요/할 수 있어요.

156 **Why are you 동사-ing?** 당신 왜 ____하고 있는 거죠?

157 **I don't have any 명사.** 전 아무런 ____도 없어요. (____같은 건 없어요.)

158 **I have made a decision to 동사.** 저는 ____하기로 결심했어요.

159 **What made you 동사?** 뭐가 당신을 ____하게 만들었죠?

160 **not A but B** A가 아니라 B

1. 버스 요금이 인상됐대. •

2. 너 오늘 그 소식 들었어? •

3. 그 차에 무슨 문제라도 있어? •

4. 너 오늘밤 여기 머물러도 돼. •

5. 너 왜 날 그렇게 쳐다보는데? •

6. 나 오늘밤 아무 계획 없어. •

7. 나 담배 끊기로 결심했어. •

8. 뭐가 널 울게 한 거야? •

• a. What's wrong with the car?

• b. What made you cry?

• c. Did you hear the news today?

• d. Bus fares have been increased.

• e. Why are you looking at me like that?

• f. You can stay here tonight.

• g. I've made a decision to quit smoking.

• h. I don't have any plans tonight.

정답: 1/d, 2/c, 3/a, 4/f, 5/e, 6/h, 7/g, 8/b

입이 탁! 트이는
영어회화 표현사전

160

001. I'm 동사-ing.
나 _____하는 중이야.

I'm writing my resume.
나 이력서 쓰는 중이야.

002. I'm 형용사.
나 (기분/상태가) _____해.

I'm so busy.
나 정말 바빠.

003. I'm 동사-ing these days.
나 요즘 _____하는 중이야.

I'm looking for a job these days.
나 요즘 구직 중이야.

004. Why don't we 동사?
우리 _____하는 게 어때?

Why don't we go for a drink?
우리 술 한 잔 하러 가는 거 어때?

005. I usually 동사.
나는 보통 _____해.

I usually get up at six.
난 6시에 일어나는 편이야.

006. I don't usually 동사.
나는 보통 _____하지 않아.

I don't usually have breakfast.
난 아침을 먹지 않는 편이야.

007. I hardly ever 동사.
나는 거의 _____하지 않아.

I hardly ever drink coffee.
나 커피를 거의 안 마셔.

008. You don't want to 동사.
너 _____하고 싶진 않을 거 아냐.

You don't want to be late for school.
너 학교에 늦고 싶진 않을 거 아냐.

009. I was 동사-ing.
나 _____하는 중이었어.

I was talking on the phone.
나 통화 중이었어.

010. Are you still 동사-ing?
너 아직도 _____하고 있는 중이야?

Are you still dating him?
너 아직도 그 남자랑 사귀어?

011. I don't have enough 명사.
난 _____가 충분치 않아.

I don't have enough money.
나 돈이 충분치 않아.

012. What were you doing when everybody else 과거동사?
남들 다 _____할 때 넌 뭘 하고 있었어?

What were you doing when everybody else was studying?
남들 다 공부할 때 넌 뭐하고 있었어?

013. I will do my best to 동사.
최선을 다해 _____하겠습니다.

I'll do my best to help you.
최선을 다해 널 도울게.

014. I'm sure 명사 will 동사.
전 _____가 _____할 거라고 확신합니다.

I'm sure it will rain tomorrow.
내일 비가 올 거라 확신해.

015. I doubt if 명사 will 동사.
_____가 _____할지 의문이군요.

I doubt if he will come on time.
그가 제 시간에 올지 의문이야.

016. I don't think 명사 will 동사.
_____가 _____할 것 같진 않아요.

I don't think he will come back.
그가 돌아올 것 같진 않아.

017. I'm going to 동사.
나 _____할 거야.

I'm going to stay here.
나 여기 있을 거야.

018. I'm never going to 동사.
나 절대 _____하지 않을 거야.

I'm never going to leave you.
널 절대 떠나지 않을게.

019. I was going to 동사.
나 _____하려고 했었어.

I was going to tell you.
네게 말하려고 했었어.

020. I'm 감정 형용사 **to** 동사.
나 _____하게 돼서 _____해.

I'm glad **to** see you again.
널 다시 보게 돼서 기뻐.

021. I'm terribly 형용사.
저 정말/몹시 _____해요.

I'm terribly disappointed.
나 정말 실망이야.

022. What should I 동사?
제가 뭘 _____해야만 할까요?

What should I do?
내가 뭘 해야만 하지?

023. I should 동사.
저 _____해야겠어요.

I should quit drinking.
나 술 끊는 게 좋을 것 같아.

024. You should 동사.
당신은 _____해야만 해요.

You should stop smoking.
너 금연하는 게 좋을 거야.

025. I can 동사.
난 _____할 수 있어(해도 돼).

I can afford to buy the car.
나 그 차를 살만한 여유가 돼.

026. Can I 동사?
내가 _____할 수 있을까(해도 될까)?

Can I ask you something?
내가 뭣 좀 물어봐도 될까?

027. I don't think 사람 **can** 동사.
_____가 _____할 수 없을 것 같아.

I don't think I **can** do it alone.
나 이거 혼자선 못할 거 같아.

028. Do you think 사람 **can** 동사?
넌 _____가 _____할 수 있다고 생각해?

Do you think I **can** handle it?
너 내가 이걸 감당할 수 있다고 봐?

029. I'm not sure, but I may 동사.
확실친 않은데, 나 _____할 거 같아.

I'm not sure but, **I may** stay here tonight.
확실친 않은데, 나 오늘밤 여기 머물 거 같아.

030. You can't be 형용사/명사.
네가 _____일 순 없어.

You can't be right all the time.
네가 항상 옳기만 할 순 없어.

031. You must 동사.
넌 반드시 _____해야만 해.

You must finish it by tomorrow.
너 이거 내일까지 꼭 끝내야 돼.

032. You must be 형용사/명사.
넌 _____인 게 틀림없어.

You must be very tired.
너 굉장히 피곤한 게 분명하구나.

033. I used to 동사.
전 _____하곤 했어요.

I used to live here.
나 여기 살았어.

034. **I didn't used to** 동사.
저 _____하지 않곤 했었어요.

I didn't used to be like this.
나 (전에는) 이렇지 않았었어.

035. **I really thank** 사람 **for** 명사/동사 –ing.
_____가 _____해준 것에 대단히 감사해요.

I really thank all of you **for** coming here today.
여러분 모두 오늘 와주셔서 대단히 감사합니다.

036. 사람 **always** 동사.
_____는 항상 _____합니다.

He **always** says he is busy.
그는 항상 바쁘다고 말해.

037. **You can call me** 나의 이름.
절 _____라고 부르시면 돼요.

You can call me Rachel.
Rachel이라고 부르시면 돼요.

038. **There is** 단수명사.
_____가 있습니다.

There is a park near my house.
집 근처에 공원이 있어요.

039. **There are a lot of** 복수명사.
_____가 정말 많이 있습니다.

There are a lot of nice restaurants in my town.
동네에 괜찮은 식당이 많이 있어요.

040. **There should be** 단수/복수명사.
_____가 있어야만 해요.

There should be solid evidence.
확실한 증거가 있어야만 해요.

041. **I'm kind of** 형용사.
제가 좀 _____합니다.

I'm kind of busy right now.
나 지금 당장 좀 바빠.

042. **What kind of** 명사 **is that**?
무슨 그런 _____가 다 있죠?

What kind of person **is that**?
무슨 그런 사람이 다 있어?

043. **What kind of** 명사 **is this**?
이건 어떤 종류의 _____인가요?

What kind of game **is this**?
이건 어떤 종류의 게임이야?

044. **It's my first time to** 동사.
저 _____해보는 게 처음입니다.

It's my first time to visit here.
나 여기 와보는 건 처음이야.

045. **I have no idea what to** 동사.
나 뭘 _____해야 할지 도통 모르겠어.

I have no idea what to say.
나 무슨 말을 해야 할지 모르겠어.

046. **Between** 명사A **and** 명사B, **which one do you prefer**?
A랑 B 중, 넌 뭐가 더 좋아?

Between summer **and** winter, **which one do you prefer?**
여름과 겨울 중, 넌 뭘 더 좋아해?

047. **I prefer** 명사A **to** 명사B.
난 B보다는 A가 더 좋아.

I prefer green tea **to** coffee.
난 커피보단 녹차가 더 좋아.

048. **I prefer to** 동사A **rather than to** 동사B.
난 B하는 것보다 A하는 게 더 좋아.

I prefer to relax at home **rather than** go out.
난 밖에 나가는 것보다 집에서 쉬는 게 더 나아.

049. I'm thinking of 동사–ing.
저 ____하는 걸 생각 중입니다.

I'm thinking of buy**ing** a car.
나 차를 살까 생각 중이야.

050. Whose 명사 **is this?**
이건 누구의 ____인 거죠?

Whose cell phone **is this?**
이거 누구 휴대폰이야?

**051. It's mine / yours / ours /
theirs / his / hers.**
이건 제 거/네 거/우리 거/그들 거/그의 것/그녀의 것입니다.

Whose key is this? /
It's mine.
이거 누구 열쇠야? /
내 거야.

052. It would be 형용사 **to** 동사.
____하는 게 ____할 듯합니다.

It would be difficult **to** reach that goal.
그 목표를 이루긴 어려울 것 같아.

053. I think it's time to 동사.
내 생각에 이제 ____할 때인 것 같아.

I think it's time to go there.
이제 거기로 가야 할 때인 것 같아.

054. I'm too 형용사.
나 너무 ____해.

I'm too busy this weekend.
나 이번 주말에 너무 바빠.

055. Are you that 형용사?
너 그렇게 ____해?

Are you that glad?
너 그렇게 좋아?

056. I have 명사 **I** 동사.
나 ____할 ____가 있어.

I have something **I** want to tell you.
나 너한테 말하고 싶은 게 있어.

057. I have 증상.
저 ____한 증상이 있어요.

I have a stomachache.
저 복통이 있어요.

058. I have a pain in 신체부위.
저 ____에 통증이 있어요.

I have a pain in my shoulder.
저 어깨에 통증이 있어요.

059. I have 성격/특징.
저 ____한 성격이에요.

I have a good sense of humor.
전 유머 감각이 좋아요.

060. I had a(an) 형용사 **day.**
저 ____한 하루를 보냈어요.

I had a wonderful **day.**
오늘 멋진 하루를 보냈어.

061. 긍정문, **doesn't it?** / 부정문, **does it?**
____한 걸, 안 그래? /그렇지?

It still works, **doesn't it?**
이거 아직 쓸만해, 안 그래?

062. So do/does/did 주어.
____ 역시 그래.

She lives in New York, and **so does** her brother.
그녀는 뉴욕에 사는데, 그녀 남동생도 거기 살아.

063. You know 명사/문장.
너 ____인 거 알지(알잖아).

You know I really love you.
내가 너 정말 사랑하는 거 알지.

064. I'd better 동사.
나 ____하는 게 낫겠다.

I'd better take a subway.
나 지하철을 타는 게 낫겠어.

065. Will you be 동사-ing?
당신은 _____하고 있을 예정인가요?

Will you be stay**ing** in Seoul?
너 서울에 머물고 있을 거야?

066. 의문사 will be 동사-ing?
언제/어디서/얼마나 오래 ____하고 있을 건가요?

How long will you **be** stay**ing**?
너 얼마나 오래 머물게 될 건데?

067. I will be 동사-ing.
저는 _____하고 있을 겁니다.

I will be wait**ing** for you.
나 널 기다리고 있을게.

068. I guess, I will 동사.
제 생각에, 저는 ____할 듯합니다.

I guess, I will see him next week.
내 생각에, 그를 다음주에 보게 될 것 같아.

069. How's 명사 going?
_____는 잘 돼가고 있나요?

How's everything **going**?
모든 게 잘 돌아가고 있나요?

070. I 동사. ▶ You do? /
I 과거동사. ▶ You did?
저 _____해요. ▶ 그런가요? /
저 _____했어요. ▶ 그랬나요?

I really **love** this place. /
You do?
나 이곳이 정말 좋아. /
그래?

071. I'd like to talk about 명사.
_____에 대해 이야기했으면 합니다.

I'd like to talk about business.
사업에 관해 얘기했으면 합니다.

072. 사람 might be able to 동사.
____가 ___할 수 있을 것 같아요.

He **might be able to** help you out.
그가 널 도울 수 있을지 몰라.

073. Do you have 명사?
당신 ____를 갖고 있나요?

Do you have any good ideas?
너 무슨 좋은 생각이라도 있어?

074. Don't you have 명사?
당신 ____를 갖고 있지 않나요?

Don't you have a spare key?
너 보조키 없어?

075. You look 형용사.
당신 ____해 보여요.

You look great in that new dress.
너 그 새 옷 입으니 멋져 보인다.

076. Maybe it's because of 명사/
because 문장.
아마도 _____때문일 거예요.

I have insomnia, **maybe it's because of**
my stress.
나 아마 스트레스 때문에 불면증이 있는 듯해.

077. You're 형용사 enough to 동사.
당신은 ____할 만큼 충분히 ____해요.

You're cute **enough to** get a boyfriend.
넌 남자친구가 생길 만큼 충분히 귀여워.

078. I'm too 형용사 to 동사.
저는 _____하기에 너무 ____해요.

I'm too busy **to** call you.
나 네게 전화하기엔 너무 바빠.

079. 명사 is(are) too 형용사.
_____는 너무 _____해요.

The children **are too** noisy.
저 애들 너무 시끄러운 걸.

080. How 형용사 of you.
당신 정말 _____하군요.

How kind **of you**.
정말 친절하시네요.

081. **I want to 동사A to 동사B.**
나 (동사B)하려고 (동사A)하고 싶어.

I want to learn English **to** make foreign friends.
나 외국인 친구 사귀려고 영어를 배우고 싶어.

082. **I have to 동사.**
나 ____해야만 해.

I have to finish it by tomorrow.
나 내일까지 이거 끝내야 해.

083. **I have to 동사A to 동사B.**
나 (동사B)하려면 (동사A)해야만 해.

I have to stay up all night **to** finish my homework.
나 숙제 끝내려면 밤 새워야 돼.

084. **I have 명사 to 동사.**
나 (동사)할 (명사)가 있어.

I have something **to** tell you.
나 너한테 할 얘기가 있어.

085. **I can't help 동사–ing.**
나 ____하지 않을 수가 없어.

I can't help fall**ing** in love with you.
난 너와 사랑에 빠질 수 밖에 없어.

086. **I'm 형용사 to 동사.**
나 ____하게 돼서 ____해.

I'm sorry **to** bother you.
널 귀찮게 해서 미안해.

087. **I'm 형용사 to hear that 문장.**
나 ____한 걸 듣게 돼서 ____해.

I'm glad to hear that you're doing great.
네가 잘 지낸다는 얘길 들으니 기뻐.

088. **I'd like to 동사.**
나 ____했으면 좋겠어.

I'd like to buy you a drink.
나 너한테 술 한 잔 사고 싶어.

089. **I didn't notice 명사/문장.**
나 ____라는 걸 알아채지 못했어.

I didn't notice anything around me.
난 내 주변의 어떤 것도 알아채지 못했어.

090. **I've already p.p.**
나 이미 ____했어.

I've already finished my work.
나 이미 일을 끝마쳤어.

091. **I've just p.p.**
나 이제 막 ____했어.

I've just arrived in Busan.
나 이제 막 부산에 도착했어.

092. **But the thing is, 문장.**
하지만 문제는, ____하다는 거야.

But the thing is, there is no one who can help me.
하지만 문제는, 지금 날 도와줄 사람이 없다는 거야.

093. **It's because 문장.**
그건 ____라서 그런 거야.

It's because I love and care about you.
이건 널 사랑하고 신경 써서 그런 거야.

094. **Have you ever p.p?**
너 ____해본 적 있어?

Have you ever been to Europe?
너 유럽에 가본 적 있어?

095. **I've never p.p.**
나 한번도 ____해본 적 없어.

I've never been to his house.
나 그의 집에 가본 적 없어.

096. **Do you think 문장?**
넌 ____라고 생각해?

Do you think I should get a haircut?
나 머리 잘라야 할 것 같아?

097. How long have you been 동사 –ing?
얼마나 오래 _____해왔나요?

How long have you been wait**ing** here?
얼마나 오래 여기서 기다린 거야?

098. I've been 동사–ing for 기간.
저는 _____ 동안 _____해오고 있습니다.

I've been sleep**ing for** a day.
나 하루 종일 자고 있어.

099. I don't think 문장.
저는 _____하지 않다고 생각해요.

I don't think I can finish it by tomorrow.
나 이걸 내일까지 못 끝낼 거라고 봐.

100. What about 명사/동사–ing?
_____는 어떤가요?

What about go**ing** on a picnic?
소풍 가는 거 어때?

101. A is 비교급 than B.
A는 B보다 더 _____합니다.

You're better **than** me.
네가 나보다 낫다.

102. A is 비교급 than I expected.
A는 제 예상보다 더 _____합니다.

The living room is smaller **than I expected**.
거실이 제 예상보다 작네요.

103. A is 비교급 than any other B.
A는 그 어떤 다른 B보다 더 _____합니다.

Experience is more important **than any other** thing in life.
경험은 인생의 그 어떤 것보다도 중요합니다.

104. That's why 문장.
그래서 바로 _____인 겁니다.

That's why I don't trust you.
그래서 내가 널 못 믿어.

105. I don't know how to 동사.
전 어떻게 _____해야 할지 모르겠습니다.

I don't know how to explain it.
이걸 어찌 설명해야 할지 모르겠어.

106. 명사 is as 형용사 as I expected.
_____는 제 기대만큼 _____합니다.

The movie **was as** interesting **as I expected**.
그 영화는 제 기대만큼 재미있었어요.

107. 명사 is not as 형용사 as I expected.
_____는 제 기대만큼 _____하지 못합니다.

The weather is not **as** fine **as I expected**.
날씨가 제 기대만큼 좋지 않네요.

108. I will 동사 as soon as possible.
최대한 빨리 _____하도록 하겠습니다.

I'll be back **as soon as possible**.
최대한 빨리 돌아갈게요.

109. You look like 명사/문장.
너 _____인 것처럼 보여.

You look like you need a break.
너 휴식이 필요해 보여.

110. It sounds like 문장.
_____인 것 같아.

It sounds like she's really into you.
그녀가 너한테 푹 빠진 것 같은데.

111. 명사 smells 형용사.
_____가 _____한 냄새가 나.

This place **smells** funny.
여기 정말 희한한 냄새가 나.

112. Do I look 형용사?
나 _____해 보여?

Do I look good?
나 괜찮아 보여?

113. How long have you p.p?
얼마나 오래 ____한 건가요?

How long have you known her?
얼마나 오래 그녀를 알고 지냈어?

114. You surely 동사.
당신은 확실히 _____하군요.

You surely do not realize what I'm saying.
넌 확실히 내가 뭘 말하는지 못 깨닫고 있어.

115. It's no wonder (that) 문장.
_____하다는 게 놀랄 일도 아니죠.

It is no wonder that he has failed all his classes.
그가 모든 과목에서 낙제한 건 당연한 일이야.

116. Until 명사/문장, **by** 명사
_____까지

You should get here by two p.m.
너 2시까지 여기 도착해야 돼.

117. It is such a 형용사+명사.
정말이지 (형용사)한 (명사)로군요.

It is such a beautiful place.
정말이지 아름다운 곳이야.

118. It is so 형용사.
이건 정말 _____하네요.

It is so complicating.
이건 정말이지 복잡한데.

119. It is so 형용사 **that** 문장.
이건 정말 (형용사)해서 (문장)해요.

It is so hot **that** I don't feel like doing anything.
너무 더워서 나 아무것도 하고 싶지 않아.

120. I once 과거동사.
전 한 때 ____했었어요.

I once went out with Joshua.
나 한때 Joshua랑 사귀었었어.

121. Even though 문장A, 문장B.
비록 (문장A)일지라도, (문장B)해.

Even though you don't like me, I like you.
비록 네가 날 안 좋아해도, 난 널 좋아해.

122. It seems like 명사/문장.
_____인 것처럼 보여.

It seems like you really like him.
너 그를 정말 좋아하는 것 같아.

123. 문장 A, **though** 문장B.
(문장B)이긴 하지만, (문장A)해.

I don't care, **though** I got fired.
해고당하긴 했지만, 난 신경 안 써.

124. 문장 **though**.
그래도 _____이긴 해.

She looks really happy **though**.
그래도 그녀는 정말 행복해 보여.

125. What if 과거시제 문장?
만약 _____했었다면 어땠을까?

What if I didn't meet you?
내가 널 못 만났다면 어땠을까?

126. What if 현재시제 문장?
만약 _____한다면 어쩌지?

What if he never shows up?
그가 나타나지 않으면 어쩌지?

127. If 현재시제 문장 **I will** 동사.
만약 ____하면, 난 ____할 거야.

If you want her number, **I'll** give it to you.
그녀 전화번호를 원하면, 너한테 알려줄게.

128. I'm 형용사, **just thinking of it**.
그걸 생각하는 것만으로도 난 _____해.

I'm so nervous, **just thinking of it**.
생각만으로도 너무 긴장돼.

129. Why should I have to 동사?
내가 왜 _____해야만 하는데?

Why should I have to help him?
내가 그를 왜 도와야 하는데?

130. How could you 동사?
네가 어떻게 _____할 수 있어?

How could you do this to me?
어떻게 내게 이런 짓을 해?

131. If I were you, I would 동사.
내가 너라면, 난 _____했을 거야.

If I were you, I would just ignore them.
내가 너라면, 그냥 걔들을 무시했을 거야.

132. If I were you, I wouldn't 동사.
내가 너라면, 난 _____하지 않았을 거야.

If I were you, I wouldn't just give up.
내가 너라면, 난 그저 포기하진 않았을 거야.

133. You mean, 명사/문장?
네 말은, _____를 말하는 거니?

You mean, you want to break up with me?
네 말은, 나랑 헤어지고 싶다는 거야?

134. I meant, 명사/문장.
내 말은 _____를 말하는 거야.

I meant, you don't have to worry about little things.
내 말은, 넌 작은 걸 걱정 안 해도 된다는 거야.

135. Don't forget 명사/to동사.
_____를 잊지 말도록 해라.

Don't forget what I told you.
내가 너한테 말한 거 잊지마.

136. Don't be enslaved by 명사.
_____의 노예가 되지 말도록 해라.

Don't be enslaved by money.
돈의 노예가 되지 말도록 해.

137. I don't know why 문장.
왜 _____인지 이유를 모르겠어요.

I don't know why I have to do this.
내가 이걸 왜 해야 하는지 이유를 모르겠어.

138. I can't understand why 문장.
왜 _____인지 이해할 수 없어요.

I couldn't understand why she left me.
그녀가 왜 날 떠났는지 이해할 수 없었어.

139. I have no idea why 명사.
왜 _____인지 모르겠어요.

I had no idea why he didn't talk to me.
그가 왜 내게 얘길 안 했는지 알 수 없었어.

140. Could you 동사?
_____해줄 수 있겠니?

Could you help me out?
나 좀 도와줄 수 있어?

141. Do you know how to 동사?
_____를 어떻게 하는지 아시나요?

Do you know how to operate the copy machine?
복사기를 어떻게 작동시키는지 아시나요?

142. Let me tell you how to 동사.
_____를 어떻게 하는지 알려드릴게요.

Let me tell you how to get there by subway.
거기까지 지하철로 어떻게 가는지 알려드릴게요.

143. Why don't you 동사?
_____하시는 건 어때요?

Why don't you join us for a drink?
우리랑 술 한 잔 하는 거 어때?

144. I'm(We're) looking for 명사.
저는(우리는) _____를 찾고 있어요.

We're looking for a place to sleep.
우린 잘 곳을 찾고 있어요.

145. All you have to do is (to) 동사.
당신이 할 건 ____하는 것뿐이에요.

All you have to do is to check the list of passengers.
당신이 할 건 탑승객 명단을 확인하는 것뿐이에요.

146. I guess I need 명사/to동사.
제 생각에 ____가 필요할 듯해요.

I guess I need more time.
나 시간이 좀 더 필요한 것 같아.

147. All I want you to do is (to) 동사.
당신이 ____만 해줬으면 좋겠어요.

All I want you to do is to tell the truth.
당신이 사실만 말해줬으면 좋겠어요.

148. Please get me 명사.
나한테 ____ 좀 갖다 줘요.

Please get me some water.
물 한 잔만 갖다 주세요.

149. I was told that 문장.
제가 ____라는 걸 들었어요.

I was told that he was dead.
그가 죽었다는 걸 들었어.

150. 명사 has(have) p.p for 기간.
(명사)는 (기간)동안 (p.p)해왔어요.

He **has worked** here **for** 7 years.
그는 여기서 7년간 일해왔어.

151. 명사 has(have) been p.p
(명사)는 (p.p)하게 되었어요.

Bus fares **have been increased**.
버스 요금이 인상됐대.

152. Did you 동사?
당신 ____했나요?

Did you hear the news today?
너 오늘 그 소식 들었어?

153. How come 문장?
도대체 왜 ____하는 건가요?

How come you two are always fighting?
너희 둘은 어째서 맨날 싸우는 거야?

154. What's wrong with 명사?
____에 무슨 문제가 있는 거죠?

What's wrong with the car?
그 차에 무슨 문제라도 있어?

155. You can 동사.
당신은 ____해도 돼요/할 수 있어요.

You can take the No.5 bus.
너 5번 버스를 타면 돼.

156. Why are you 동사–ing?
당신 왜 ____하고 있는 거죠?

Why are you look**ing** at me like that?
너 왜 날 그렇게 쳐다보고 있는 건데?

157. I don't have any 명사.
전 아무런 ____도 없어요.

I don't have any plans tonight.
나 오늘밤 아무 계획도 없어.

158. I've made a decision to 동사.
저는 ____하기로 결심했어요.

I've made a decision to quit smoking.
나 담배 끊기로 결심했어.

159. What made you 동사?
뭐가 당신을 ____하게 만들었죠?

What made you laugh so much?
뭐가 널 그리 많이 웃게 한 거야?

160. not A but B
A가 아니라 B

I'm doing this **not** for money, **but** for my career.
나 돈이 아닌, 내 경력을 위해 이걸 하고 있어.

하루 10분 어학연수
영어회화 스크립트
& Role play

01 나는 대한민국 취업 준비생!

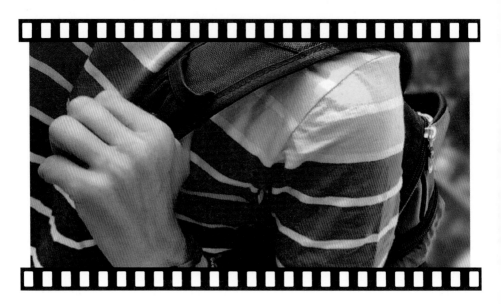

Scene 01

David　Hey, Leo. What are you doing?

Leo　I'm writing my resume. I'm so busy.

David　You're looking for a job these days, right?

Leo　Yeah, it's killing me.

David　Why don't we go for a drink then?

Leo　That sounds good!

David　It's on me.

Leo　Really? Thank you.

해석

David: 헤이, Leo, 너 뭐 하고 있어?

Leo: 나 이력서 쓰는 중이야. 나 정말 바빠.

David: 너 요즘 구직 중이구나, 그렇지?

Leo: 맞아, 골치 아파 죽겠어.

David: 그럼 우리 술이나 한 잔 하러 가는 거 어때?

Leo: 그거 좋지!

David: 내가 쏠게.

Leo: 진짜? 고마워.

Role Play!

아래 QR을 스캔하거나 MP3를 다운 로드 받아, 대본을 보지 않고 직접 대화 속 주인공이 되어 스스로 말해 보도록 하세요.

02 취업 스터디

Scene 02

Leo	I'm so sleepy because I don't usually wake up early in the morning.
Willy	I know you hardly ever wake up early, but you came in early today.
Leo	Of course I had to. Because I'm still between jobs.
Willy	Yeah, right. Give me your CV letter by the way.
Leo	Here you are.
Willy	I don't usually help others with their CV letters, but I will do it for you.
Leo	Thank you.
Willy	You don't want to talk about your weak points too much.

해석

Leo: 아침에 일찍 일어나는 편이 아니라 그런지 너무 졸려요.

Willy: 너 거의 일찍 안 일어나는 거 알아, 그런데 오늘은 일찍 왔네.

Leo: 당연히 그래야죠. 저 아직 구직 중이잖아요.

Willy: 하긴, 그렇지. 아무튼 네 자소서 좀 나한테 줘봐.

Leo: 여기 있어요.

Willy: 나 보통 다른 사람들 자소서 안 도와주는데, 너니까 도와주는 거야.

Leo: 고마워요.

Willy: 네 약점에 대해선 너무 많이 말하지 말도록 해.

Role Play!

아래 QR을 스캔하거나 MP3를 다운로드 받아, 대본을 보지 않고 직접 대화 속 주인공이 되어 스스로 말해보도록 하세요.

03 지갑이 얇은 대한민국 청춘

Scene 03

Leo I was looking for a suit for my interview last week,
      but I couldn't find any good ones.

David Really? Are you still looking for a suit?

Leo Yeah, I was busy.

David What were you doing when everybody else bought a suit?

Leo Actually, I didn't have enough money.

David Oh, don't worry, man. I can lend you money.

Leo Really? Thank you! I will pay you back when I get a job.

David No problem. What are friends for?

해석

Leo: 지난 주에 면접용 정장을 찾아보고 있었는데, 좋은 걸 하나도
발견 못 했어.

David: 정말? 너 아직도 정장을 구하고 있어?

Leo: 응, 나 바빴잖아.

David: 남들 다 정장 구할 때 넌 뭘 하고 있었던 거야?

Leo: 사실, 돈이 충분치가 않았거든.

David: 걱정 마, 친구. 돈은 내가 빌려줄 수 있어.

Leo: 정말? 고마워! 취직하면 내가 꼭 갚을게.

David: 괜찮아. 친구 좋다는 게 뭐야?

Role Play!
아래 QR을 스캔하거나 MP3를 다운
로드 받아, 대본을 보지 않고 직접
대화 속 주인공이 되어 스스로 말해
보도록 하세요.

04 면접장에서의 주접

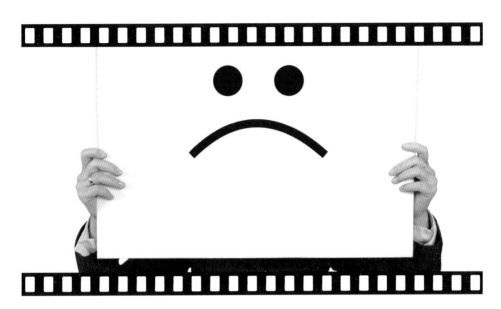

Scene 04

Interviewer	We'll ask you a few questions about your resume.
Leo	Yes, sir, I will do my best to answer.
Interviewer	It won't take long. Here's the question. Why should we hire you?
Leo	Because I'm sure my career experience as an intern will be a great asset to your company.
Interviewer	That's interesting. What is your ambition?
Leo	My… ambition is… sorry, sir. Actually, I don't know.
Interviewer	Haha, I doubt if we'll see each other again.
Leo	(Darn it, I don't think I will be hired.)

해석

Interviewer: 이력서에 관해 몇 가지 질문을 좀 드릴게요.

Leo: 네, 최선을 다해 대답하겠습니다.

Interviewer: 오래 걸리진 않을 겁니다. 질문 드릴게요. 왜 저희가 당신을 고용해야 하죠?

Leo: 왜냐면 인턴으로서의 제 경력이 귀사에 훌륭한 자산이 될 걸로 확신하기 때문입니다.

Interviewer: 흥미롭군요. 당신의 포부는 무엇인가요?

Leo: 제… 포부는… 죄송합니다. 사실 잘 모르겠습니다.

Interviewer: 하하. 저희가 서로 다시 보게 될지 의문이군요.

Leo: (제길, 아무래도 고용되긴 그른 것 같다.)

Role Play!

아래 QR을 스캔하거나 MP3를 다운로드 받아, 대본을 보지 않고 직접 대화 속 주인공이 되어 스스로 말해보도록 하세요.

05 면접에 떨어지면 아프다.

Scene 05

Leo	Honey, I was not going to tell you this, but…
Crystal	What's that?
Leo	I failed the interview.
Crystal	Oh, I'm sorry to hear that. It's ok. Look on the bright side.
Leo	I'm never going to try it again. I'm an idiot.
Crystal	No, Leo. You're going to do it again. Never give up.
	Don't you have any ambition?
Leo	Exactly. I failed the interview because I have no ambition.
Crystal	No, it's not because of that. Cheer up!

해석
Leo: 자기야, 자기한테 이거 말 안 하려고 했는데, 그런데…
Crystal: 그게 뭔데?
Leo: 나 면접에 떨어졌어.
Crystal: 이런, 그렇게 됐다니 정말 유감이야. 괜찮아. 긍정적인
　　　　면을 보도록 해.
Leo: 다신 시도하지 않을 거야. 난 멍청이에 불과해.
Crystal: 아니야, Leo. 자기 다시 하게 될 거야. 절대 포기하지마.
　　　　자기는 아무런 포부도 없어?
Leo: 맞아, 난 아무런 포부도 없어서 면접에 떨어진 거야.
Crystal: 아니야, 그것 때문이 아니야. 힘내!

Role Play!
아래 QR을 스캔하거나 MP3를 다운
로드 받아, 대본을 보지 않고 직접
대화 속 주인공이 되어 스스로 말해
보도록 하세요.

06 실수투성이 알바생, Leo

Scene 06

Leo	(Leo spilt coffee over his customer's shirt) Oops! I'm terribly sorry.
Customer	What the… You've got to be kidding me.
Leo	Sorry, what should I do?
Customer	What? I guess, I should meet your manager.
Leo	Sorry, ma'am. This shouldn't be reported.
Customer	It's not my problem. You should be punished.
Leo	I'll do everything. Please.
Customer	Really? Then you should just shut up and get out of my sight!

해석

Leo: (Leo가 손님 셔츠에 커피를 쏟음) 앗! 정말 죄송합니다.

Customer: 뭐 이런… 나한테 장난해요?

Leo: 죄송합니다. 어떻게 해드리면 좋을까요?

Customer: 뭐요? 제 생각엔 당신 매니저를 만나봐야겠어요.

Leo: 죄송합니다, 손님. 이게 보고되면 안돼요.

Customer: 그건 제 알 바 아니에요. 당신 벌 좀 받아봐야 돼.

Leo: 뭐든 하겠습니다. 부탁 드려요.

Customer: 진짜요? 그럼 그냥 입 다물고 제 앞에서 사라져요!

Role Play!

아래 QR을 스캔하거나 MP3를 다운
로드 받아, 대본을 보지 않고 직접
대화 속 주인공이 되어 스스로 말해
보도록 하세요.

07 여자친구는 승진, 나는 후진

Scene 07

Leo	I just finished my part-time work. Now I can see my lovely girlfriend.
Crystal	Honey, I have good news. I got promoted!
Leo	Wow! It's good for you. Congratulations.
Crystal	Well, Leo. Can I ask you a question?
Leo	Sure.
Crystal	I'll be straightforward. When do you think you can get a job?
Leo	...I'm hopeless. I don't think I can get a job.
Crystal	Man up, Leo. You can do it!

해석

Leo: 나 이제 아르바이트 끝냈어. 이제야 내 사랑스러운 여자친구를 볼 수 있겠네.

Crystal: 자기야, 나 좋은 소식 있어. 나 승진했어!

Leo: 이야! 정말 잘됐다. 축하해.

Crystal: 저, Leo. 나 뭐 하나 물어봐도 돼?

Leo: 물론이지.

Crystal: 솔직히 말할게. 자기, 언제쯤 취직할 수 있을 것 같아?

Leo: … 난 희망이 없어. 나, 취직할 수 없을 것 같아.

Crystal: 남자답게 굴어, Leo. 자긴 할 수 있어!

Role Play!
아래 QR을 스캔하거나 MP3를 다운로드 받아, 대본을 보지 않고 직접 대화 속 주인공이 되어 스스로 말해 보도록 하세요.

08 다시 정신 차리자!

Scene 08

David Leo, what are you up to tonight?

Leo I'm not sure but, I may go to a library to write a resume.

David What? Didn't you give up on getting a job?

Leo No, I didn't.

David You can't be serious. It's not you.

Leo You must come to your senses, too.

David Oh, Leo, you must be too stressed now.

Leo Would you just get off my back? I have to go.

해석

David: Leo, 오늘밤 뭐해?

Leo: 확실친 않은데, 아마 이력서 쓰러 도서관에 갈 거 같아.

David: 응? 너 취직하는 거 포기한 거 아니었어?

Leo: 아니야.

David: 설마 진심은 아니겠지. 너답지 않은 걸.

Leo: 너도 정신 좀 차려야 해.

David: Leo, 너 스트레스를 많이 받은 게 분명한 거 같아.

Leo: 부탁인데 나 좀 내버려 둘래? 나 가야 돼.

Role Play!
아래 QR을 스캔하거나 MP3를 다운
로드 받아, 대본을 보지 않고 직접
대화 속 주인공이 되어 스스로 말해
보도록 하세요.

09 Leo, 드디어 취업하다!

Scene 09

Leo	Mom! I did it! Eventually I got a job!
Mom	Really? I'm so proud of you, son.
Leo	I used to be a pathetic guy, but not anymore.
Mom	Of course you aren't.
Leo	I didn't used to be diligent, but I will do everything diligently from now on.
Mom	Yes, you will.
Leo	I really thank you for supporting me and trusting me.
Mom	Leo, mom always loves you.

해석

Leo: 엄마! 해냈어요! 저 마침내 취직했다고요!

Mom: 정말이냐? 정말 자랑스럽다, 우리 아들.

Leo: 전 한심한 놈이었지만, 이젠 더 이상 아니에요.

Mom: 암, 아니고말고.

Leo: 저 성실하지 못했었지만, 지금부턴 뭐든지 착실하게 해낼 거예요.

Mom: 그래, 그래야지.

Leo: 절 지지해주고 믿어주셔서 너무나 감사해요.

Mom: Leo, 엄마는 널 항상 사랑한단다.

Role Play!

아래 QR을 스캔하거나 MP3를 다운로드 받아, 대본을 보지 않고 직접 대화 속 주인공이 되어 스스로 말해보도록 하세요.

10 나는 대한민국 신입사원

Scene 10

Leo	Hi, nice to meet you. My name is Leo.
Craig	Hi, Leo. You can call me Craig.
Leo	There are a lot of new employees here, right?
Craig	Yeah, you bet. But not enough cute girls.
Leo	There should be more cute girls.
Craig	Haha. Our boss will give a speech soon, by the way.
Leo	Oh, is that right?
Craig	Yeah, I'm nervous.

해석

Leo: 안녕하세요. 만나서 반가워요. 저는 Leo예요.

Craig: 안녕하세요, Leo씨. Craig라고 부르세요.

Leo: 여기 신입 사원들이 정말 많네요, 그렇죠?

Craig: 네, 맞아요. 그런데 귀여운 숙녀분은 별로 없네요.

Leo: 귀여운 여자분들이 좀더 많아야 되는 건데.

Craig: 하하. 아무튼 곧 사장님께서 연설하실 거예요.

Leo: 앗, 그런가요?

Craig: 네, 긴장되네요.

Role Play!

아래 QR을 스캔하거나 MP3를 다운로드 받아, 대본을 보지 않고 직접 대화 속 주인공이 되어 스스로 말해 보도록 하세요.

11 회식 끝내고 집에 가고 싶어요!

Scene 11

Manager	We really welcome you, Leo.
Leo	Thank you, sir.
Manager	Bottoms up!
Leo	Sorry, sir. But I'm kind of drunk. Can I finish it a little later?
Manager	What? What kind of question is that?
Leo	Ok, I'm drinking! By the way, what kind of alcohol is this? It looks weird.
Manager	Haha. Is this your first time to drink this kind of mixed drink?
Leo	Mixed drink? (Oh, I don't want to puke up!)

해석

Manager: 자네를 정말 환영하네, Leo.

Leo: 감사합니다, 팀장님.

Manager: 쭉~들이키게!(원 샷!)

Leo: 죄송해요, 팀장님. 그런데 제가 좀 취해서요. 조금 있다 마셔도 될까요?

Manager: 응? 무슨 그런 질문이 다 있지?

Leo: 네, 마시겠습니다! 그나저나, 이건 어떤 술이죠? 좀 이상해 보이네요.

Manager: 하하. 자네 이런 폭탄주 마셔보는 게 처음인가?

Leo: 폭탄주라고요? (으, 나 토하고 싶지 않은데!)

Role Play!

아래 QR을 스캔하거나 MP3를 다운 로드 받아, 대본을 보지 않고 직접 대화 속 주인공이 되어 스스로 말해 보도록 하세요.

12 점심 메뉴 결정 장애

Scene 12

Craig	I have no idea what to eat for lunch.
Leo	Right, it's killing me.
Craig	What should we eat?
Leo	Alright, then, I'll give you two different options.
Craig	Ok, what are they?
Leo	Between noodles and pork cutlet, which one do you prefer for lunch?
Craig	Well, I prefer pork cutlet to noodles.
Leo	Sorry, but I'd prefer to have noodles rather than (have) pork cutlet.

해석

Craig: 점심으로 뭘 먹어야 할지 도통 모르겠어.

Leo: 그러게, 골치 아프네.

Craig: 우리 뭘 먹는 게 좋을까?

Leo: 좋아 그럼, 내가 두 가지 옵션을 주도록 하지.

Craig: 좋아, 그게 뭔데?

Leo: 국수랑 돈까스 중 넌 점심으로 뭐가 더 나아?

Craig: 흠, 난 국수보다는 돈까스가 더 좋은데.

Leo: 미안하지만 난 돈까스보단 국수를 더 먹고 싶은데.

Role Play!
아래 QR을 스캔하거나 MP3를 다운
로드 받아, 대본을 보지 않고 직접
대화 속 주인공이 되어 스스로 말해
보도록 하세요.

13 저, 대출을 신청하려고 합니다.

Scene 13

Leo	I'm thinking of applying for a loan.
Banker	Please give me your ID card.
Leo	Here you are. Actually, I want to buy my own car.
Banker	Whose ID card is this by the way?
Leo	It's mine. Why?
Banker	Because it doesn't look like you.
Leo	Haha. I gained a lot of weight. It's my own.
Banker	I see… I'm going to take a look at your account history.
	Sorry, sir, it would be difficult to offer you a loan.

해석

Leo: 저 대출을 신청할까 고려 중인데요.

Banker: 신분증을 좀 주시겠어요.

Leo: 여기요. 실은, 제 소유의 차를 좀 장만하려고 하거든요.

Banker: 그나저나 이건 누구 신분증인 거죠?

Leo: 제 건데요. 왜요?

Banker: 고객님처럼 보이지가 않아서요.

Leo: 하하. 제가 살이 많이 쪘었거든요. 제 거 맞아요.

Banker: 알겠습니다… 고객님의 계좌기록을 좀 살펴보도록 할게요.

죄송합니다만, 고객님껜 대출해드리기 어려울 듯 합니다.

Role Play!
아래 QR을 스캔하거나 MP3를 다운
로드 받아, 대본을 보지 않고 직접
대화 속 주인공이 되어 스스로 말해
보도록 하세요.

14 결혼? 난 아직 준비가…

Scene 14

Leo	What are you thinking so hard about?
Crystal	Honey, I think it's pretty much time to get married.
Leo	What? No, I'm not ready yet. And, also, I'm too busy.
Crystal	Are you that busy? Stop making excuses.
Leo	Honey, I still have many things I want to do.
Crystal	We can do those things together.
Leo	Honey, please give me some time to think.
Crystal	How long do I have to wait?

해석

Leo: 뭘 그리 열심히 생각하고 있어?

Crystal: 자기야, 내 생각에 이제 거의 결혼할 때인 것 같아.

Leo: 뭐? 아니, 난 아직 준비가 안 됐어. 그리고, 또, 나 너무 바쁘기도 하구.

Crystal: 자기 그렇게 바빠? 변명 좀 그만해.

Leo: 자기야, 나, 하고 싶은 게 아직도 너무 많아.

Crystal: 우리가 그런 걸 같이 할 수 있잖아.

Leo: 자기야, 나한테 생각할 시간을 조금만 줘.

Crystal: 내가 얼마나 더 오래 기다려야 해?

Role Play!
아래 QR을 스캔하거나 MP3를 다운
로드 받아, 대본을 보지 않고 직접
대화 속 주인공이 되어 스스로 말해
보도록 하세요.

15 아프면 죄인!

Scene 15

Leo	Sir, I have a stomachache and have a pain in my wrist, too.
Manager	Oh, really?
Leo	So, can I take a day off?
Manager	Haha, I think you have a good sense of humor. Get back to your work.
Leo	I'm serious, sir. I'm really sick now.
Manager	Don't try my patience, Leo.
Leo	Frankly, I had a terrible day with my girlfriend yesterday. So I just can't focus today.
Manager	What? Are you kidding? Get away!

해석

Leo: 팀장님, 저 복통이랑 손목 통증이 있어요.

Manager: 이런, 정말인가?

Leo: 그래서 말인데, 하루 쉴 수 없을까요?

Manager: 하하, 유머감각이 좋은 것 같군. 일이나 하러 돌아가게.

Leo: 저 심각해요, 팀장님. 지금 정말 아파요.

Manager: 내 인내심을 시험하지 말게나, Leo.

Leo: 사실, 어제 여자친구와 너무 좋지 않은 하루를 보내서요.
　　그래서 오늘 정말이지 집중할 수가 없습니다.

Manager: 뭐? 자네 지금 장난하나? 저리 가게!

Role Play!

아래 QR을 스캔하거나 MP3를 다운로드 받아, 대본을 보지 않고 직접 대화 속 주인공이 되어 스스로 말해보도록 하세요.

16 직장 상사 뒷담화

Scene 16

Leo This coffee smells good, doesn't it?

Craig Yeah, it does. But so does my coffee.

Leo I like yours better.

Craig How's everything going by the way?

Leo You know my manager. He always scolds me. Gosh, I hate him.

Craig So does my manager. There is nobody worse than her.

Leo Oh, speak of the devil. She's coming over here.

Craig I'd better get back to work now.

해석

Leo: 이 커피, 향이 정말 좋은 걸, 안 그래?

Craig: 응, 그러네. 근데 내 커피도 향 좋다.

Leo: 난 네 커피가 더 좋은 걸.

Craig: 그나저나 요즘 잘 지내?

Leo: 너 우리 팀장 알잖아. 나 매일 혼내는 거. 으, 우리 팀장 정말 싫어.

Craig: 우리 팀장도 마찬가지인 걸. 그보다 더한 사람은 없을 거야.

Leo: 호랑이도 제 말하면 온다더니, 팀장 이리로 오고 있다.

Craig: 나 지금 다시 일하러 가는 게 낫겠다.

Role Play!

아래 QR을 스캔하거나 MP3를 다운 로드 받아, 대본을 보지 않고 직접 대화 속 주인공이 되어 스스로 말해 보도록 하세요.

17 Leo, 캐나다로 첫 출장을 가다.

Scene 17

Officer What's the purpose of your trip?

Leo It's a business trip.

Officer Where will you be visiting in Canada?

Leo I'll be visiting Vancouver.

Officer How long will you be staying?

Leo Just a few days.

Officer What's the address of the hotel?

Leo This is the address. I guess, I'll have a fantastic time, since it's a five star hotel.

해석

Officer: 여행 목적이 어떻게 되나요?

Leo: 출장입니다.

Officer: 캐나다 어디를 방문하게 되시는 건가요?

Leo: 밴쿠버를 방문하게 될 겁니다.

Officer: 얼마나 오래 머무실 건가요?

Leo: 그냥 며칠 정도요.

Officer: 호텔 주소가 어떻게 되나요?

Leo: 이게 주소예요. 제 생각에, 정말 멋진 시간을 보내게 될 것 같아요. 여기 5성급 호텔이거든요.

Role Play!
아래 QR을 스캔하거나 MP3를 다운 로드 받아, 대본을 보지 않고 직접 대화 속 주인공이 되어 스스로 말해 보도록 하세요.

18 밴쿠버에서의 첫 계약

Scene 18

Henry	How's your business trip going out here in Vancouver?
Leo	So far, so good. I think, it's a fabulous city.
Henry	You do? So do I. It's a beautiful city.
Leo	Yeah, I'd like to talk about the contract by the way.
	Well, it's quite complicated.
Henry	Don't worry. I used to work at a law firm.
Leo	You did? Then you might be able to understand this pretty well.
Henry	Of course.
Leo	Well, please take a look at this.

해석

Henry: 여기 밴쿠버에서의 출장은 잘 진행되고 있나요?

Leo: 현재까진 좋습니다. 제 생각에 여긴 멋진 도시 같아요.

Henry: 그런가요? 저도 그래요. 여긴 아름다운 도시죠.

Leo: 네, 아무튼 계약에 관해 이야기했으면 합니다. 음, 이게 꽤 복잡하네요.

Henry: 걱정 마세요. 저 법률회사에서 근무했었거든요.

Leo: 그러셨어요? 그럼 이걸 꽤 잘 이해할 수 있으실 것 같은데요.

Henry: 물론이죠.

Leo: 그럼, 이걸 좀 살펴봐주시겠어요.

Role Play!

아래 QR을 스캔하거나 MP3를 다운로드 받아, 대본을 보지 않고 직접 대화 속 주인공이 되어 스스로 말해 보도록 하세요.

19 과로 = 스트레스 = 병

Scene 19

Leo	Do you have anything for a headache?
Pharmacist	You look pale. Don't you have a stomachache, too?
Leo	No, just a headache. I took some pills already last week.
Pharmacist	Didn't they work?
Leo	No, they didn't.
Pharmacist	Maybe it's because of your stress. I'll give you more pills.
Leo	You're right. Don't I need a prescription?
Pharmacist	No, it's an over-the-counter drug.

해석

Leo: 두통에 드는 것 좀 뭐 없나요?

Pharmacist: 손님 창백해 보이세요. 복통도 있진 않으세요?

Leo: 아뇨, 그냥 두통이에요. 지난주에 이미 약을 먹었어요.

Pharmacist: 약이 듣질 않던가요?

Leo: 아뇨, 안 들었어요.

Pharmacist: 아마 스트레스 때문일 거예요. 약을 좀 더 드릴게요.

Leo: 맞아요. 처방전은 없나요?

Pharmacist: 아뇨, 이건 일반 의약품이에요.

Role Play!

아래 QR을 스캔하거나 MP3를 다운
로드 받아, 대본을 보지 않고 직접
대화 속 주인공이 되어 스스로 말해
보도록 하세요.

20 직장 여직원과의 썸

Scene 20

Leo How's everything going in the new department?

Sally I guess, I'm too stupid to work in this department.

Leo No, you're smart enough to survive. Don't worry.

Sally You look pale, by the way. Are you ok?

Leo No, I'm too sick to work today.

Sally Give me your hands. Your hands are too cold.

Leo Oh, Sally, how considerate of you.

Sally You know what, Leo? You're too cute.

해석

Leo: 새로운 부서에서는 잘 돼가요?

Sally: 제 생각에 전 이 부서에서 일하기엔 너무 부족한 거 같아요.

Leo: 아녜요. 당신은 살아남기에 충분히 똑똑한 걸요. 걱정하지 말아요.

Sally: 그나저나, 당신 창백해 보여요. 괜찮아요?

Leo: 아뇨, 저 오늘 일하기에 너무 아프네요.

Sally: 손 좀 줘봐요. 당신 손이 너무 차잖아요.

Leo: Sally씨, 정말 친절하시네요.

Sally: 그거 알아요, Leo씨? 당신 너무 귀여운 거.

Role Play!

아래 QR을 스캔하거나 MP3를 다운로드 받아, 대본을 보지 않고 직접 대화 속 주인공이 되어 스스로 말해 보도록 하세요.

21 전화할 시간도 없이 그렇게 바빠?

Scene 21

Crystal	Hello, it's me, Crystal.
Leo	Oh, honey. I'm busy. Please make it quick.
Crystal	Ok. I want to go to a department store with you to buy your gift.
Leo	Really? Why bother?
Crystal	What? It's your birthday. Honey, I guess you're too busy.
Leo	It is? I didn't know. Thank you, Crystal. But I have to go to the personnel department to deal with something.
Crystal	Wait, wait, Leo. Actually, I'm already in front of your workplace.
Leo	Honey, I'm terribly sorry. I have too many things to do.

해석

Crystal: 안녕, 나야. Crystal.

Leo: 어, 자기야. 나 바빠. 간단히 말해.

Crystal: 알았어. 나 자기 선물 사러 자기랑 백화점에 갔으면 해.

Leo: 정말? 뭐 하러?

Crystal: 뭐? 자기 생일이잖아. 자기, 너무 바쁜 거 같아.

Leo: 그래? 나 몰랐어. 고마워, Crystal. 그런데 나 뭣 좀 하러 인사과에
가봐야 하거든.

Crystal: 잠깐, 잠깐, Leo. 사실, 나 이미 자기 회사 앞이야.

Leo: 자기야, 정말 미안해. 나 할 일이 너무 많아.

Role Play!

아래 QR을 스캔하거나 MP3를 다운
로드 받아, 대본을 보지 않고 직접
대화 속 주인공이 되어 스스로 말해
보도록 하세요.

22 여자친구와의 화해

Scene 22

Leo   Crystal, I'm sorry.

       I was too busy. I couldn't help hanging up the phone last time.

Crystal   It's ok honey. I'm just happy to be with you now.

Leo   I have good news for you. I will have the whole week off.

Crystal   Really? I'm super happy to hear that you'll be on vacation!

Leo   I got this only for you.

Crystal   Oh, how sweet of you!

Leo   I'd like to hit the road with you.

Crystal   Wow, I can't wait!

해석

Leo: Crystal, 미안해. 내가 너무 바빴지. 나 지난번에 전화를 끊지
     않을 수가 없었어.

Crystal: 괜찮아 자기야. 나 지금 자기랑 있는 것만으로도 행복해.

Leo: 나 좋은 소식이 있어. 나 한 주를 통째로 휴가 낼 거야.

Crystal: 정말? 자기가 휴가를 낸다니 너무너무 기뻐!

Leo: 오로지 자길 위해서 이렇게 한 거야.

Crystal: 자기 너무 자상해!

Leo: 나 자기랑 여행을 갔으면 좋겠어.

Crystal: 와, 나 못 기다리겠어!

Role Play!
아래 QR을 스캔하거나 MP3를 다운
로드 받아, 대본을 보지 않고 직접
대화 속 주인공이 되어 스스로 말해
보도록 하세요.

23 여행을 떠나요!

Scene 23

Leo	I guess, we need to fill her up.
Crystal	I didn't notice we'd run out of gas.
Leo	Yeah, I've already driven for three hours.
Crystal	Oh, there! I can see the gas station!
Leo	Good, but the thing is, there's no attendant.
Crystal	Don't worry. We can use the self-serve pump.
Leo	Sounds good. (5 minutes later)
Crystal	Alright, I've just filled up the tank. Let's go!

해석

Leo: 내 생각엔 기름을 넣어야 할 것 같아.

Crystal: 난 우리가 기름이 떨어진 줄도 몰랐네.

Leo: 그렇네, 벌써 3시간이나 운전했으니.

Crystal: 어, 저기! 주유소가 보여!

Leo: 좋았어, 그런데 문제는, 종업원이 없잖아.

Crystal: 걱정 마. 셀프 주유를 이용하면 되잖아.

Leo: 좋은 생각이야. (5분 뒤)

Crystal: 됐어, 지금 막 기름을 채웠어. 가자!

Role Play!

아래 QR을 스캔하거나 MP3를 다운
로드 받아, 대본을 보지 않고 직접
대화 속 주인공이 되어 스스로 말해
보도록 하세요.

24 야근 공화국 대한민국

Scene 24

Leo	Oh, this pile of work is killing me.
Matthew	It's because you didn't work while you were on vacation.
Leo	I know, but it's too much.
Matthew	Yeah, I can tell.
Leo	Have you ever thought about quitting your job?
Matthew	No, I've never thought about it. Why?
Leo	Look at me. I have no life. Do you think it's a happy life?
Matthew	Of course not.

해석

Leo: 으, 이 산더미 같은 일 때문에 미치겠네.

Matthew: 네가 휴가 가 있는 동안 일을 못해서 그렇지.

Leo: 아는데, 이건 너무 많잖아.

Matthew: 그래, 알만하다.

Leo: 너 직장 그만두는 거 생각해본 적 있어?

Matthew: 아니, 그런 거 생각해본 적 없어. 왜?

Leo: 날 봐. 삶이 없잖아. 넌 이게 행복한 삶이라고 생각해?

Matthew: 당연히 아니지.

Role Play!

아래 QR을 스캔하거나 MP3를 다운 로드 받아, 대본을 보지 않고 직접 대화 속 주인공이 되어 스스로 말해 보도록 하세요.

25 일에 파묻혀 사는 내 인생

Scene 25

Adam Are you still working? How long have you been working?

Leo I've been working for seven hours.

Adam You've got to be kidding me. Seven hours?

Leo Yeah, it's killing me.

Adam What about tonight's get-together?

Leo Sir, I've been thinking, but I don't think I can join you guys.

Adam You've been working too much lately. You should take a rest.

Leo I know, but I can't.

해석

Adam: 자네 아직도 일하나? 대체 얼마나 오래 일하고 있는 거야?

Leo: 7시간째 일하고 있습니다.

Adam: 자네 농담하는 거겠지. 7시간이라고?

Leo: 네, 이것 때문에 죽겠습니다.

Adam: 오늘밤 모임은 어떻게 되는 건가?

Leo: 생각을 해봤는데, 아무래도 참석 못할 것 같아요.

Adam: 자네 최근 일을 너무 많이 하고 있어. 자네 좀 쉬어야 돼.

Leo: 아는데, 그게 안 되네요.

Role Play!
아래 QR을 스캔하거나 MP3를 다운
로드 받아, 대본을 보지 않고 직접
대화 속 주인공이 되어 스스로 말해
보도록 하세요.

26 연봉 협상

Scene 26

Dave　We suggest $29,000 for your annual salary next year, because you're more diligent than others.

Leo　Sir, sorry, but it's lower than I expected.

Dave　No, it's higher than any other company's salaries.

Leo　But I worked harder than any other employees.

Dave　I know, that's why we suggest this high annual salary.

Leo　And also, I've finished more projects than others.

Dave　Sorry, but the negotiation is over.

Leo　What?

해석

Dave: Leo씨는 다른 이들보다 훨씬 근면 성실하기 때문에 내년도 연봉으로 29,000달러를 제안하는 바입니다.

Leo: 저, 죄송하지만, 제가 예상했던 것보다 낮네요.

Dave: 아니요, 다른 어떤 회사의 급여보다도 높은 편입니다.

Leo: 하지만 전 다른 직원 누구보다도 열심히 일했습니다.

Dave: 압니다. 그것이 바로 이 같은 높은 연봉을 제안한 이유입니다.

Leo: 그리고 또, 전 다른 이들보다 프로젝트도 더 많이 완수했고요.

Dave: 죄송하지만, 협상은 이것으로 끝났습니다.

Leo: 뭐라고요?

Role Play!

아래 QR을 스캔하거나 MP3를 다운 로드 받아, 대본을 보지 않고 직접 대화 속 주인공이 되어 스스로 말해 보도록 하세요.

27 사표 제출

Scene 27

Leo Sir, can I talk to you in private?

Tom Sure.

Leo Well, I don't know how to put it… Sorry, sir. I will resign.

Tom What? Why?

Leo My office life is not (as) satisfying as I expected.

Tom You can't expect everything to be perfect.

Leo I know, but also, my salary for next year is not as high (as) I expected.

Tom Ok… I will deal with your resignation as soon as possible.

해석

Leo: 저, 따로 말씀 좀 드릴 수 있을까요?

Tom: 물론이죠.

Leo: 음, 어떻게 말씀 드려야 할지 모르겠는데… 죄송합니다. 저 퇴사하겠습니다.

Tom: 뭐요? 왜죠?

Leo: 회사생활이 제 기대만큼 만족스럽지 않습니다.

Tom: 모든 게 완벽하길 기대할 순 없는 거잖아요.

Leo: 압니다, 하지만 제 내년도 연봉 또한 제 기대만큼 높지 않거든요.

Tom: 알겠습니다… 최대한 빨리 퇴사처리를 해드릴게요.

Role Play!

아래 QR을 스캔하거나 MP3를 다운로드 받아, 대본을 보지 않고 직접 대화 속 주인공이 되어 스스로 말해보도록 하세요.

28 술을 마신다고 고민이 사라지나?

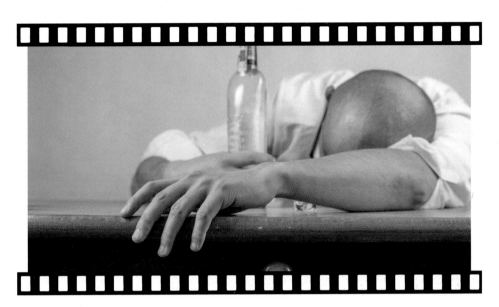

Scene 28

Crystal	You look like you're about to puke up.
Leo	I think I need to sit down.
Crystal	It sounds like you drank too much.
Leo	Yeah, I drank like a fish last night.
Crystal	Yuck! Your breath smells terrible.
Leo	Really? Sorry. Do I look pathetic?
Crystal	No, you don't, I think something happened to you. Tell me.
Leo	Honey, to be honest with you, I quit my job.

해석

Crystal: 자기 토할 것 같아 보여.

Leo: 나 좀 앉아야 될 것 같아.

Crystal: 자기 술을 너무 많이 마신 것 같은데.

Leo: 응, 어젯밤 술을 진탕 마셨거든.

Crystal: 익! 자기 입 냄새가 정말 안 좋은 걸.

Leo: 정말? 미안해. 나 한심해 보여?

Crystal: 아니야, 안 그래 보여. 내 생각엔 자기한테 무슨 일 생긴 것 같은데,
내게 말해봐.

Leo: 자기야, 솔직히 말하면, 나 직장 그만뒀어.

Role Play!

아래 QR을 스캔하거나 MP3를 다운
로드 받아, 대본을 보지 않고 직접
대화 속 주인공이 되어 스스로 말해
보도록 하세요.

29 사직서와 함께 몸도 아프고

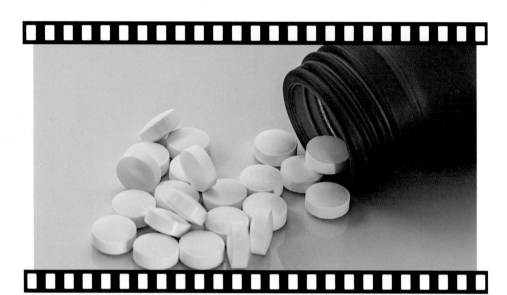

Scene 29

Doctor   What are your symptoms?

Leo   I have a pain in my heart.

Doctor   Let me see. How long have you had it?

Leo   It's been about a month.

Doctor   You surely have a heart problem.

Leo   It is no wonder I have it, because I've worked too much for the past two years.

Doctor   Yeah, right. You should take this medicine until next week.

Leo   Thank you.

해석

Doctor: 증상이 어떻게 되십니까?

Leo: 심장 쪽에 통증이 있어요.

Doctor: 좀 봅시다. 얼마나 오래 이런 증상이 있었죠?

Leo: 대략 한 달 정도 됩니다.

Doctor: 확실히 심장 쪽에 문제가 있군요.

Leo: 이런 문제가 있는 게 놀랄 일도 아니죠. 저 지난 2년간 정말
일을 과하게 했거든요.

Doctor: 네, 맞습니다. 다음주까지 이 약을 쭉 복용하도록 하세요.

Leo: 감사합니다.

Role Play!

아래 QR을 스캔하거나 MP3를 다운
로드 받아, 대본을 보지 않고 직접
대화 속 주인공이 되어 스스로 말해
보도록 하세요.

30 꿈에 그리던 나 홀로 배낭여행

Scene 30

Leo	Wow! It is such a beautiful village.
Johnson	Good morning, son. You must be tourist.
Leo	Good morning. Yeah, I'm on my trip alone.
Johnson	I was once a traveler in this village like you about thirty years ago.
Leo	Oh, you were?
Johnson	But it was so beautiful that I couldn't help settling down in this village.
Leo	Yeah, it is such a fabulous place that even I want to stay here longer.
Johnson	Son, you're too young to live here.
	You should follow your dreams somewhere out there.

해석

Leo: 와, 정말 아름다운 마을이야.

Johnson: 좋은 아침이야, 젊은이. 관광객이 분명하구먼.

Leo: 좋은 아침입니다. 네, 저 혼자 여행 중이에요.

Johnson: 한 30년 전엔 나도 자네처럼 이 마을의 여행객이었지.

Leo: 엇, 그러셨어요?

Johnson: 그런데 이곳이 너무 아름다워 정착하지 않을 수 없었지.

Leo: 네, 정말 너무 멋져서 저마저 더 오래 머물고 싶어요.

Johnson: 젊은이, 자네 여기 살기엔 너무 젊어. 저 밖 어딘가에 있을 자네 꿈을 쫓아야지.

Role Play!
아래 QR을 스캔하거나 MP3를 다운
로드 받아, 대본을 보지 않고 직접
대화 속 주인공이 되어 스스로 말해
보도록 하세요.

31 Leo, 중소기업 일자리 제안 받다.

Scene 31

Leo How's your new job?

Mark Even though it's a small company, I got paid a lot. I love it.

Leo I envy you. I'm between jobs right now.

Mark Really? What a coincidence. We have a full-time position available. Interested?

Leo I'm not interested, though it seems like a good chance.

Mark It's a high paying job though.

Leo Is it right? Now I'm interested.

Mark Here's my business card. Give me a call anytime.

해석

Leo: 새로운 직장은 어때?

Mark: 작은 회사긴 하지만, 돈을 많이 받아. 맘에 들어.

Leo: 부럽다, 난 지금 구직 중이라서.

Mark: 정말? 이거 우연이네. 우리 정규직 자리가 하나 남아있거든. 관심 있어?

Leo: 좋은 기회인 것 같긴 한데, 난 관심 없어.

Mark: 그래도 고소득 직종이긴 한데.

Leo: 그래? 이젠 좀 관심이 생기는데.

Mark: 여기 내 명함이야. 언제든 내게 전화하라구.

Role Play!
아래 QR을 스캔하거나 MP3를 다운로드 받아, 대본을 보지 않고 직접 대화 속 주인공이 되어 스스로 말해 보도록 하세요.

32 결혼의 꿈

Scene 32

Leo	Honey, what if we were married now?
Crystal	You're thinking about getting married eventually, right? Oh, I'm so happy.
Leo	Yes, if we marry, I'll cook for you every morning.
Crystal	That's so sweet. If we marry, I'll wake you up with my kiss every morning.
Leo	What if I wake up earlier than you?
Crystal	Then you can wake me up with your kiss.
Leo	I'm so happy, just thinking of it. And I got a job. It's a small company though.
Crystal	A small company? Hmm…

해석

Leo: 자기야, 우리가 결혼했었다면 지금 어떨 거 같아?

Crystal: 자기 드디어 결혼에 대해 생각해보고 있구나, 맞지? 나 너무 기뻐.

Leo: 응, 만약 결혼하면, 나 매일 아침 자길 위해 요리할 거야.

Crystal: 그거 정말 달달한 걸. 만약 우리가 결혼하면, 난 매일 아침 키스로 자길 깨워줄 거야.

Leo: 내가 자기보다 더 일찍 일어나면?

Crystal: 그럼 자기가 키스로 날 깨워주면 되지.

Leo: 생각만으로도 행복해. 그리고 작은 회사긴 한데, 나 취직했어.

Crystal: 작은 회사? 흠…

Role Play!

아래 QR을 스캔하거나 MP3를 다운 로드 받아, 대본을 보지 않고 직접 대화 속 주인공이 되어 스스로 말해 보도록 하세요.

33 Leo, 여친에게 차이다.

Scene 33

Crystal   Leo, I'm breaking up with you.

Leo   What? I wouldn't make that kind of joke.

Crystal   I'm serious. Why should I have to marry a poor man with no future?

Leo   How… how could you say that to me?

Crystal   If I were you, I'd say nothing and just leave.

Leo   This is not like you. What's happening to you?

Crystal   To be honest with you, I'm dating a rich guy.

Leo   You can't do this to me! Honey, wait, wait!

해석

Crystal: Leo, 나 자기랑 헤어지려고 해.

Leo: 뭐? 나라면 그런 농담은 안 할 거야.

Crystal: 나 진지해. 내가 왜 미래도 없는 가난한 남자랑 결혼해야만 하는데?

Leo: 어떻게… 어떻게 나한테 그렇게 말할 수 있어?

Crystal: 내가 자기라면, 아무 말 않고 그냥 떠나겠어.

Leo: 자기 같지가 않아. 대체 무슨 일이 있는 거야?

Crystal: 솔직히 말하면, 나 돈 많은 남자랑 사귀고 있어.

Leo: 네가 나한테 이럴 순 없어! 자기야, 잠깐, 잠깐만!

Role Play!
아래 QR을 스캔하거나 MP3를 다운
로드 받아, 대본을 보지 않고 직접
대화 속 주인공이 되어 스스로 말해
보도록 하세요.

34 아버지와의 속 깊은 대화

Scene 34

Leo	Dad, I broke up with my girlfriend.
Joshua	Really? You mean, the one who is tall?
Leo	No, I meant, the short one who has a nice smile.
Joshua	Oh, you mean Crystal, right? Now I remember.
Leo	To make matters worse, I quit my job.
Joshua	Good job, attaboy! Now you're a free man.
Leo	What? What are you talking about?
Joshua	Son, you have your own dreams. Don't forget that. Don't be enslaved by work.

해석

Leo: 아버지, 저 여자친구하고 헤어졌어요.

Joshua: 정말이냐? 그 키가 큰 애를 말하는 거냐?

Leo: 아뇨, 미소가 예뻤던 키가 작은 애를 말하는 거예요.

Joshua: 아, Crystal을 말하는 거로구나. 이젠 기억나는구나.

Leo: 설상가상으로, 저 직장도 그만뒀어요.

Joshua: 잘했어, 장하다! 이제야 네가 자유인이 됐구나.

Leo: 네? 무슨 말씀을 하시는 거예요?

Joshua: 내 아들, 넌 너만의 꿈이 있잖니. 그걸 잊지 말렴. 일의 노예가 되지 말란 얘기다.

Role Play!

아래 QR을 스캔하거나 MP3를 다운 로드 받아, 대본을 보지 않고 직접 대화 속 주인공이 되어 스스로 말해 보도록 하세요.

35 나의 꿈, 나의 포부

Scene 35

Leo	Mom, I didn't know the reason why I have to live, but now, I know.
Heather	It sounds like you made a big decision.
Leo	Now I know why I have to live the rest of my life.
Heather	Could you tell me about it Leo?
Leo	I'll travel all around the world, helping the poor.
Heather	What a beautiful dream, Leo!
Leo	I can't understand why I was not brave enough to do what I want.
Heather	Yeah, I have no idea why you weren't brave enough.

해석

Leo: 어머니, 저 살아야만 하는 이유를 몰랐었는데, 이젠 알겠어요.

Heather: 네가 마치 큰 결심을 한 것처럼 들리는구나.

Leo: 이제 제 남은 인생을 왜 살아가야 하는지 알게 됐거든요.

Heather: 그걸 내게 말해줄 수 있겠니, Leo?

Leo: 전 불쌍한 이들을 도우며 전 세계를 여행할 거예요.

Heather: 정말 아름다운 꿈이구나, Leo!

Leo: 제가 하고픈 걸 할만한 용기가 왜 없었는지 이해가 안 돼요.

Heather: 그래, 네가 왜 그럴만한 용기가 없었는지 모르겠구나.

Role Play!

아래 QR을 스캔하거나 MP3를 다운로드 받아, 대본을 보지 않고 직접 대화 속 주인공이 되어 스스로 말해보도록 하세요.

36 낯선 타지에서 만난 그녀, Clara

Scene 36

Leo　Excuse me, do you know how to fill out this landing card?

Clara　Sure, let me tell you how to fill it out.

Leo　Thank you, it seems like you've been to Africa quite a few times.

Clara　Yeah, I'm a volunteer doctor in Ethiopia.

Leo　Really? I'm heading for Ethiopia for volunteering, too.

Clara　Really? Then why don't you come with me? We're looking for a volunteer.

Leo　Oh, thank you so much. My name is Leo by the way.

Clara　I'm Clara.

해석

Leo: 실례합니다만, 입국카드를 어떻게 작성하는지 아시나요?

Clara: 그럼요, 어떻게 작성하는지 알려드릴게요.

Leo: 감사합니다. 아프리카에 꽤 자주 다녀보셨던 것 같네요.

Clara: 네, 전 이디오피아에서 의료 봉사하는 의사거든요.

Leo: 진짜요? 저 역시 봉사하러 이디오피아로 가던 중이었어요.

Clara: 정말요? 그럼 저랑 같이 가는 건 어때요? 저희가 자원봉사자를 찾고 있었거든요.

Leo: 정말 감사 드립니다. 그나저나 제 이름은 Leo예요.

Clara: 전 Clara예요.

Role Play!

아래 QR을 스캔하거나 MP3를 다운 로드 받아, 대본을 보지 않고 직접 대화 속 주인공이 되어 스스로 말해 보도록 하세요.

Scene 37

Clara	This guy was shot by a gun. All you have to do is to keep pressing his wound.
Leo	Like this? I guess I need more bandages.
Clara	I will go and get some. Hold on!
Leo	I have to know why he's still bleeding!!!
Clara	Leo, all I want you to do is to just shut up! I'm going to stitch the wound first.
Leo	Oh, sorry.
Clara	Leo, please get me some clean water.
Leo	I got it. Is that all you need? Anything else?

해석

Clara: 이 남자 총에 맞았어요. 당신은 이 상처만 누르고 있으면 돼요.

Leo: 이렇게요? 제 생각엔 붕대가 더 필요할 거 같아요.

Clara: 제가 가서 좀 가져올게요. 기다려요!

Leo: 왜 아직도 피를 흘리는 건지 모르겠어요!!!

Clara: Leo씨, 당신이 입만 좀 다물었으면 좋겠어요! 제가 우선 상처를 봉합할게요.

Leo: 아, 미안해요.

Clara: Leo씨, 깨끗한 물 좀 가져다 줄래요.

Leo: 알겠어요. 그게 필요한 전부예요? 다른 건요?

Role Play!

아래 QR을 스캔하거나 MP3를 다운 로드 받아, 대본을 보지 않고 직접 대화 속 주인공이 되어 스스로 말해 보도록 하세요.

38 Clara, Leo 때문에 얼굴 빨개지다.

Scene 38

Leo   I was told that you have worked in Ethiopia for the past five years.

Clara   Yeah, time flies.

Leo   You know what? I think you're a good woman.

Clara   (Blushing) Haha… Did, did you fix the door?

Leo   Of course, it has been fixed already. Clara, I…

Clara   Did, did you also fix the roof over there?

Leo   Don't change the subject, Clara.

Clara   I'm… I'm just a little shy.

해석

Leo: 이디오피아에서 지난 5년간 일했다고 들었어요.

Clara: 맞아요, 시간 참 빠르죠.

Leo: 그거 알아요? 전, 당신이 참 좋은 여자란 생각이 들어요.

Clara: (얼굴이 빨개짐) 하하… 문은 고, 고쳤나요?

Leo: 당연하죠, 벌써 다 고쳤는걸요. Clara, 난…

Clara: 저기 있는 지, 지붕도 수리했나요?

Leo: 말 돌리지 말아요, Clara.

Clara: 좀… 좀 부끄러워서 그래요.

Role Play!

아래 QR을 스캔하거나 MP3를 다운 로드 받아, 대본을 보지 않고 직접 대화 속 주인공이 되어 스스로 말해 보도록 하세요.

39 작은 소녀를 위한 기도

Scene 39

Leo   Hey, how come you're drinking that murky water?

Sherry Why? What's wrong with this water?

Leo   Don't drink that. You can drink mine. It's clean.

Sherry Whoa! I've never seen clean water! Thank you!

Leo   How old are you, sweetie?

Sherry I'm seven years old.

Leo   Oh, God. May this little girl drink more clean water.

Sherry Hey, why are you crying? Are you hungry?

해석

Leo: 얘야, 너 어째서 그런 흙탕물을 마시고 있는 거니?

Sherry: 왜요? 이 물이 뭐가 어때서요?

Leo: 그거 마시면 안돼. 내 걸 마셔. 이건 깨끗해.

Sherry: 우와! 저 깨끗한 물은 본 적이 없어요! 고마워요!

Leo: 넌 몇 살이니, 애기야?

Sherry: 저 7살이에요.

Leo: 오, 하느님. 부디 이 작은 소녀가 좀 더 깨끗한 물을 마실 수
있도록 해주소서.

Sherry: 아저씨, 왜 울고 있어요? 배고파요?

Role Play!
아래 QR을 스캔하거나 MP3를 다운
로드 받아, 대본을 보지 않고 직접
대화 속 주인공이 되어 스스로 말해
보도록 하세요.

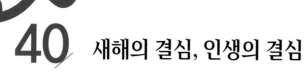

40 새해의 결심, 인생의 결심

Scene 40

Clara What's your new year's resolution, Leo?

Leo I don't have any new year's resolution, but a new life's resolution.

Clara New life's resolution?

Leo I have made a firm decision to help the poor in Africa.

Clara Really? What made you make that decision?

Leo Money… Fame… These are not the meaning of my life.

Clara You're right.

Leo I want to live my new life, not for myself, but for others.

해석

Clara: Leo씨, 당신의 새해 결심은 뭔가요?

Leo: 새해 결심 같은 건 없지만, 새 인생의 결심은 있어요.

Clara: 새 인생의 결심?

Leo: 전 아프리카에서 불쌍한 이들을 돕기로 결심했어요.

Clara: 진짜요? 뭐가 그런 결심을 하게 만든 거죠?

Leo: 돈… 명예… 이런 것들은 제 삶에 아무 의미도 없어요.

Clara: 당신 말이 맞아요.

Leo: 전 제 자신이 아닌, 다른 이들을 위한 새 삶을 살 거예요.

Role Play!

아래 QR을 스캔하거나 MP3를 다운 로드 받아, 대본을 보지 않고 직접 대화 속 주인공이 되어 스스로 말해 보도록 하세요.

영어는 매일의 훈련, 매일의 습관입니다.
매일 하루 10분의 작은 영어 습관이 여러분께 꼭 좋은 결과를 가져다 줄 것입니다.

좋은 책을 만드는 길
독자님과 함께하겠습니다.

매일매일 떠나는 하루 10분 어학연수

개정1판1쇄	2022년 05월 04일(인쇄 2022년 03월 16일)
초 판 발 행	2016년 08월 10일(인쇄 2016년 06월 30일)
발 행 인	박영일
책 임 편 집	이해욱
집 필	명현재(Leo)
편 집 진 행	김현진
표지디자인	박수영
편집디자인	조은아 · 안아현
발 행 처	시대인
공 급 처	(주)시대고시기획
출 판 등 록	제 10-1521호
주 소	서울시 마포구 큰우물로 75 [도화동 538 성지 B/D] 9F
전 화	1600-3600
팩 스	02-701-8823
홈 페 이 지	www.sdedu.co.kr
I S B N	979-11-383-1986-7(13740)
정 가	15,000원